植西聰

イラスト・森下えみこ

思うだけ！開運術

清流出版

はじめに

世の中を見渡すと、運の良い人とそうでない人がいます。

チャンスをモノにして成功をおさめる人もいれば、そうでない人もいます。

次々と願いを叶える人もいれば、そうでない人もいます。

いいことをたくさん引き寄せる人もいれば、そうでない人もいます。

この違いはどこから来るのでしょうか。


そのことを示す格好の逸話が北欧にあります。

あるところに運の悪い子供と運の良い子供がいました。

その二人にサンタクロースはクリスマスのプレゼントに仔馬《こうま》を贈ってあげることにしました。

二人とも仔馬が大好きなので、喜んでくれるに違いないと、サンタは考えたのです。

しかし、翌朝、目を覚ましたときの二人の反応はまるで違いました。

運の悪い子供は、庭先で仔馬を発見したとき、真っ先に次のように考え、その瞬間、心はマイナスの感情でいっぱいになってしまったのです。

「可愛い仔馬をサンタさんから受け取ったけど、もし、仔馬を誰かに盗まれたらどうしよう。心配で心配でたまらない」

これに対し、運の良い子供は、庭先で仔馬の毛を発見しました。すると、真っ先に次のように考え、心はプラスの感情でいっぱいになったのです。

「仔馬の毛があるということは、サンタさんが仔馬をプレゼントしてくれたに違いない。家の近くにいると思うから探してこよう。どんな仔馬かな。楽しみだなあ」

実は、この二人の子供の心的態度に、運の良い人と運の悪い人の〝たった一つの大きな相違点〟が隠されています。

それは、運の悪い子供の心の体質はマイナスの感情が多く帯びていたのに対し、運の良い子供の心の体質はプラスの感情が多く帯びていたということです。

これを〝たった一つの大きな相違点〟と言ったのには、キチンとした理由があります。

心の中にマイナスの感情が多く占めるようになると、「思考は現実化する」という心の法則によって、本当にマイナスの現象ばかりを引き寄せる結果となります。

しかし、心の中にプラスの感情が多く占めるようになると、プラスの現象、すなわちいいことをたくさん引き寄せることができるようになります。

起きていることをプラスに思えるかどうか、違いはただそれだけなのです。

そして心をプラスの感情（想念）で満たすこと、これを私は〝成心《じょうしん》〟と名づけました。

つまり、運がいい人、チャンスをモノにして成功をおさめる人、次々と願いを叶える人、いいことをたくさん引き寄せる人は、みんな心が成心状態なのです。

世の中に開運の法則があるとしたら、ただ一つ、心を成心にすることだけなのです。


ただし、そうは言っても、日常生活は楽しいことばかりとは限りません。つらいこと、悲しいこと、不安になることも、たくさんあります。

とくに災難に見舞われたり、不快な出来事に遭遇すると、不安・心配・怒り・悲しみといったマイナスの感情が多く心を支配するようになります。

そうなると、心はどうしてもマイナスに傾いてしまいます。

そういうときこそ、心をマイナスからプラスにスイッチチェンジできないものか。

そして、いつもプラスのことを思い、プラスの感情で満たしておくことで、成心の状態にしておけないものか。

そのための心の持ち方を簡潔・明解に説いたのが本書なのです。

この本では心を徹底的にプラスの状態にするためのポイントを九つ（九章）に分けて解説しました。全ては思いの力です。

その多くが、すぐに実践として役立つものなので、今日から早速、習慣として取り入れてみるといいと思います。

とにかくプラスのことを思い、心をプラスの状態にする（成心）というただ一つのことだけで、この先、運が開けてきます。幸運の女神が微笑んでくれるような人生が送れるようになるでしょう。

植西　聰

目次

第1章 明るい未来に意識を向けると成心になる

第2章

自分を大切にすると成心になる

第3章

言葉の法則をプラスに活用すると成心になる

第4章

大変なこと、厄介なことをクリアすると成心になる

第5章

考え方を変えると成心になる

第6章
人生に「動き」をつけると成心になる

第7章 気分を快適にすると成心になる

第8章

人間関係のストレスを解消すると成心になる

第9章

善い行いをすると成心になる

第1章

明るい未来に意識を向けると成心になる

明るい未来に意識を向けると、なぜ成心になるのか

バブル経済崩壊直後のことです。

ある外資系の企業に一〇〇名の新入社員が入社しました。

このとき、一人のジャーナリストが一〇〇名の新入社員に対して、次のような質問をしました。

「バブル経済が崩壊して、世の中は不況ですが、あなたの未来は明るいと思いますか。それとも暗いと思いますか」

すると、大半の新入社員は「未来は暗いと思います」と答え、「未来は明るいと思います」と答えた人は、たったの五人しかいませんでした。

それから、二〇年にわたって、そのジャーナリストは彼らの追跡調査を行いました。

もちろん、その中には退職や、転職した人たちもいましたが、その五人だけには、以下のような共通点があったのです。

- 残りの九五パーセントの人たちよりも、第一線で活躍していた。
- 残りの九五パーセントの人たちよりも、年収が高かった。
- 残りの九五パーセントの人たちよりも、多くのチャンスをモノにしていた。

人は**未来に明るい希望を持つと、人生に張り合いが生じる**ようになります。

人生に張り合いが生じれば、毎日が楽しくなります。

毎日が楽しくなれば、意識するしないにかかわらず、心の中はプラスの感情で満たされるようになります。

プラスの感情で満たされるようになると、心は「成心《じょうしん》」となります。

成心になれば、いいことを引き寄せる磁石が形成され、幸運の女神がたくさんの恩恵を授けてくれるようになるのです。

未来に明るい希望を持つと、毎日が楽しくなり、心の中はプラスの感情で満たされるようになる。

なりたい自分に意識を向ける

昔、都内のある小学校で、卒業を間近に控えた六年生のクラスの生徒たち四〇人が、卒業文集に「将来、何になりたいか」について記したことがありました。

その中で三人の生徒は次のようなことを記しました。

- 「将来、弁護士になりたい」
- 「将来、料理人になりたい」
- 「将来、美容師になりたい」

それから三〇年後、クラス会が開かれ、当時のクラスメートたちが再会したとき、その三人だけは他の人たちよりもイキイキと明るい表情をしていました。

子供のころ思い描いた夢を叶えて、それぞれ実際に弁護士・料理人・美容師として活躍していたからです。

「なりたい自分」をイメージしつづけていると、先の人生に希望が持てるようになります。

すると、**毎日の生活がおのずとポジティブになり、心の中はマイナスの感情よりもプラスの感情が多く占める**ようになります。

その状態がキープできるようになれば、心は成心となり、いいことがたくさん引き寄せられるようになります。

したがって、「なりたい自分」をイメージするのは今からでも遅くはありません。

実現するかしないかは別として、理想とする将来像――「なりたい自分」に意識を向けるといいと思います。

そして、「そうなった自分」をイメージするのです。

それによって**気分が快適になれば、プラスの感情もどんどん増え、成心に近づける**ようになるでしょう。

「なりたい自分」をイメージするたびに、気分が快適になれば、プラスの感情もどんどん増えるようになる。

やりたいことに意識を向ける

明るい未来に意識を向けるためには、願望を掲げることが大切なのは言うまでもありません。

しかし、願望といっても多岐にわたっているので、**「なりたい自分」の他に、「やりたいこと」に目を向けるのもいい**と思います。

たとえば、幕末の思想家・吉田松陰です。

松陰は自らが主宰する松下村塾《しょうかそんじゅく》で、門下生たちに、常々、志を立てることの大切さについて力説していました。

そしてあるとき、門下生である高杉晋作に「君の志は何ですか」と質問したことがありました。

すると、高杉は次のように答えました。

「私の志は、日本を外国にひけをとらないくらいの強い国にすることです」

次に同じ質問を、門下生の伊藤俊輔（博文）にすると、伊藤は次のように答えました。

「私の志は、欧米諸国の文明を日本にどんどん導入することです」

二人の志、すなわち「やりたいこと」を知った松陰は、大いにほめ讃えたといいます。

ここまで大げさに考えなくても、私たちにもやりたいことはたくさんあるはずです。

「そのうち、テニスを始めてみたい」

「美味しい中華料理が作れるようになりたい」

「ピアノが弾けるようになりたい」

そうしたことに意識を向け、**やりたいことをやっている自分をイメージすれば、快適な気分になります。**

快適な気分になれば、それに伴いプラスの感情も増えるようになるのです。


やりたいことをやっている自分をイメージすれば、愉快な気分になり、プラスの感情も増大する。

行きたい所に意識を向ける

なりたい自分に意識を向ける。やりたいことに意識を向ける。

それと並行して、「行きたい所」に意識を向けるのもいいと思います。

広告代理店に勤務するある女性の話です。

彼女はあるプロジェクトのリーダーに任命され、朝早くから夜遅くまで働いていました。

そのため、自由な時間がなかなか持てませんでした。

その彼女に友達が「ストレスは溜まらないの？」と尋ねると、彼女は次のように答えたのです。

「私には、このプロジェクトがうまくいったら、長期休暇をとってハワイにバカンスに行くという目標があるの」

「ワイキキのビーチで泳いでいる自分を想像するだけで、ワクワクしてくるわ」

言うまでもないことですが、行きたい所に意識を向けると、行きたい場所を自然にイメージするようになります。

すると、楽しい気持ちになり、ワクワクしてきます。

また、それが励みにもなるし、支えにもなります。

それによって、心の中はプラスの感情が多く占めるようになり、成心状態になります。

したがって、**「なりたい自分」や「やりたいこと」が漠然《ばくぜん》としているときは、行きたい場所に意識を向けてみる**のもひとつの方法です。

「今度の連休はハワイに行きたい」

「夏休みは友達とディズニーランドに遊びに行きたい」

そうすれば**当面のつらいことや大変なことがそれほど苦ではなくなり、心がどんどん成心に近づく**ようになるでしょう。

行きたい所をイメージすると、楽しい気持ちになり、それが励みにもなり、支えにもなる。

我慢していることが願望であってもいい

「なりたい自分、やりたいこと、行きたい所がいまいち漠然としている……」

そういう人は普段我慢していることを思い出してみるのもいいかもしれません。

普段我慢していることというのは、今はお金や時間がなくてできないけど、いつかしてみたいなあと思うこと、いつかこういう体験をしてみたいなあと思うことを指します。

つまり、そうしたことを願望として掲げるようにするのです。

たとえば、「高級なフランス料理店に行きたいけれど、お金がないから近くの定食屋で我慢している」というのであれば、高級なレストランに行き、フランス料理を食べることが夢であってもいいのです。

こう考えると、普段我慢していることが、次のようにどんどん願望に転化していくのではないでしょうか。

■郊外からの遠距離通勤を強いられている　→　都心に移り住む

■窮屈なオンボロアパートで暮らしている　→　やや広めのマンションに引っ越す

■ランチは毎回、ワンコイン（五〇〇円）のお弁当を食べている　→　たまには、豪華なランチを食べる

■海外旅行に行くときは、いつもエコノミークラスを利用している　→　たまにはビジネスクラスの飛行機で旅をする

要するに、願望を複雑に考えることはないのです。

身近に「いつか、こうしてみたい」という欲求があれば、それがその人にとって、十分、願望の要素になりえるのです。

我慢を欲求に、欲求を願望に転化させていく――これも心を成心にするために大切なことなのです。

我慢を欲求に、欲求を願望に転化させていく。

すぐにできそうな楽しみが願望であってもいい

願望と言うと「理想とする未来像」と解釈する人が多いと思います。

しかし、明るい未来に意識を向けることで、心の中にプラスの感情が増やせるのであれば、すぐにできそうな楽しみを願望として掲げてもいいと思います。

たとえば、江戸時代後期の曹洞宗の僧侶・良寛和尚です。

良寛和尚はとても貧乏だったにもかかわらず、いつもニコニコしていて、笑顔を絶やすことはありませんでした。

あるとき、その理由を村人から尋ねられると、良寛和尚は次のように答えたといいます。

「私にはすぐに体験できる楽しみがたくさんあるからです」

「村人の方がいつもお菓子をくださいますので、お菓子が食べたくなったら、いつでも、それを口にすることができます」

「さみしいときは、村の子供たちと遊ぶこともできます」

「知り合いがたくさんの書物を置いていってくれるので、本が読みたくなったら、いつでも書物を読むことができます」

一人でもすぐに体験できる楽しみはたくさんあると思います。

ウィンドウショッピングが楽しみたければ、ショッピングモールに行けばいいのです。

懐かしの名画を鑑賞したければ、DVDレンタル店で借りてくればいいのです。

大きな湯船に浸かりたければ、スパに行けばいいのです。

そうすれば、小さいながらも、願望を叶えたことになります。

願望が叶えば、達成感と喜びがこみあげてくるため、プラスの感情が増大するようになります。

その積み重ねが成心につながっていくのです。


すぐにできそうな願望を叶えれば、達成感がこみあげてくるため、プラスの感情が増大するようになる。

数日先の明るい未来に意識を向ける

子供のころを思い出してみましょう。

「もうすぐ遠足」「来週はクリスマス」というとき、どういう気持ちでいたでしょうか。

たいていの人は期待と楽しみでワクワクしていたと思います。

「〇〇へ遠足に行ったら、友達の〇〇君と一緒にお弁当を食べよう」

「クリスマスはケーキが食べられる。クリスマス・プレゼントも楽しみだ」

そういうことに思いをめぐらせたはずです。

あのときと同じようなワクワクした気分を味わいたければ、数日先の明るい未来に意識を向けてみるのもいいかもしれません。

たとえば、次のようにです。

「明日は金曜日。退社後、友達と待ち合わせて夕飯を食べる予定でいる。何を食べようかなあ。二人ともパスタが好きだから、イタリアンのお店なんかいいかもしれない」

「明後日は土曜日。天気が良かったら、ピクニックに行こう。公園の桜も満開かもしれないなあ。そうしたら、お花見もできる」

そういったことをイメージすれば、明るい未来像が強烈に心にインプットされるようになります。

それによって、**思考のスイッチ、感情のスイッチがオン、すなわちプラスの状態に切り替わる**ようになります。

仮に不快なことがあって、**マイナスの感情が心の中を覆っていたとしても、それが徐々に縮んでいき、プラスの感情のほうがウェイトを多く占める**ようになります。

そうすれば、心は成心に近づいたことになるのです。


子供のころのようなワクワクした気分を味わうと、マイナスの感情よりもプラスの感情のほうがウェイトを多く占めるようになる。

心がへこみそうになったら、願望を想像する

昔、アメリカのある精神科医が興味深い調査を行ったことがありました。

一〇〇人のビジネスマンを対象に、「電車に乗っているとき、車を運転しているとき、何を考えていますか」という質問をしたのです。

すると、八〇人以上の人が次のような回答を寄せました。

「相性が悪い上司のことを思い出していた」

「今の仕事は向いていないので、辞めようかなあ……と考えていた」

「別れた恋人（伴侶）のことを思い出していた」

要するに、ネガティブなことを考え、心をマイナスの状態にしていることが明らかになったのです。

これは電車の中や車の運転中に限ったことではありません。

アメリカの宗教家ジョセフ・マーフィーも次のように述べています。

「人間の意識は放っておくと、九割はマイナスの方向に傾いてしまう」

そうなると、心はマイナスの感情で満ちあふれ、「悪いことを思えば悪いことが起こる」という心の法則によって、本当に悪い現象を引き寄せてしまうことになります。

そのための防止策として、**心がへこみそうになったときはイメージングを行う**といいと思います。**イメージングというと、願望を叶えるための手段と思われがちですが、心をプラスの感情で満たすうえでも効果がある**のです。

「あなたが、願望が成就している場面を想像するとき、あなたの心の中には最上の喜びが充満するようになる」（意訳）

これはアメリカの宗教家ロイ・ユージン・デーヴィスの言葉ですが、心の中に最上の喜びが充満する状態こそが、成心そのものなのです。

イメージングは心をプラスの感情で満たすうえでも効果がある。

想像の翼を思いきり広げてみる

プラスのイメージングを行うと、心をプラスの感情で満たすことができるようになります。

その効果を最大限に発揮させるためには、想像の翼を思いきり広げることが大切になってきます。

そのためのベターな方法として、アメリカの宗教家ロイ・ユージン・デーヴィスは次のように述べています。

「願望が叶ったところを心の絵に描く際、現実の世界を忘れ、心の絵が実際に存在するかのように振舞うべきである」（意訳）

わかりやすく言うと、願望が叶ったシーンを漠然とイメージするのではなく、あたかも

本当にそうなったかのごとく、よりリアルに、より具体的にイメージすることが大切になってくるというのです。

したがって、家庭料理のお店を持ちたければ、お店のレイアウトや店内の雰囲気をありありとイメージするといいでしょう。

また、お客さんにオムライスを出して、「ものすごく美味しいです」と絶賛されているシーンをイメージするのもいいでしょう。

南の島へバカンスに行きたければ、南の島の海でシュノーケリングを楽しんでいるシーンをイメージしてもいいと思います。

遊び疲れた後は、ヤシの木の下でカクテルを飲んでいるシーンをイメージするのもいいでしょう。

願望が叶うかどうかはあまり重要ではありません。心をプラスの状態にすることが重要なのです。心がプラスの感情で満たされるとあらゆる場面で引き寄せが起きるのです。

願望が叶ったシーンを、よりリアルに、より具体的にイメージする。

願望を紙に書いたり、絵に表わす

イメージングを行うことによって、心をプラスの感情で満たすためには、願望を紙に書いたり、絵に表わしてみるのもいいと思います。

願望を紙に書く場合は、**「脱サラ・起業！」「ニューヨークへ行く！」といったように、簡潔・明解に、断定口調の迫力のある言葉を用いる**ことがポイントになります。

そのほうが、**紙に書かれた文字を見ただけで、その内容が瞬時に把握でき、数秒であろうとも無意識にイメージングが行え、プラスの感情が増大**するからです。

絵に表わすときは、絵の上手・下手は関係ありませんが、**できるだけ願望に感情を移入させて、心を込めて描く**ようにしましょう。

心を込めて描くという行為そのものがイメージングにつながるため、その過程において、

プラスの感情が増大するようになるからです。

その好例が、『ハリー・ポッターと賢者の石』の原作者であるJ・K・ローリング女史です。

彼女は無名だったころ、貧しかったため、生活保護を受けながら暮らしていました。

その彼女の家に友達が遊びに行くと、ちょうど、彼女は紙に自分の名前を書いているところでした。

その理由を友達が尋ねると、彼女はこう返答したのです。

「私はいつかベストセラーになる小説を書きあげるつもりでいる。そうしたら、方々からサイン会の依頼がくると思うから、今からその練習をしているの」

おそらく、このときのローリング女史の心の中はプラスの感情に満ちあふれ、成心になっていたに違いありません。

その結果、ベストセラーというラッキーな現象を引き寄せることができたのではないでしょうか。

文字を書く行為・絵を描く行為もイメージングにつながる。

願望に関係する場所に出かけてみる

「百聞は一見にしかず」という格言があります。

この格言は「何度くり返し聞いても、一度でも実際に見ることには及ばない。何事も自分の目で確かめてみることが重要である」ということを説明しています。

イメージングを行うことで心を成心にするためには、この「百聞は一見にしかず」は大いに参考になると思います。

イメージングを行っても、うまく願望がイメージできないことがあります。

あるいは、いまいちリアルにイメージできないこともあるでしょう。

そういうときに、**願望に関係する場所へ出かけて行く**のもいいと思います。

実際にその場の雰囲気を味わえば、願望の概要がほぼ百パーセントつかめるため、後々、

イメージングも行いやすくなるからです。

それに、**願望に関係する場所へ出かけて行けば、それだけで心がプラスの感情で満たされる**という利点もあります。

たとえば、初代内閣総理大臣になった伊藤博文です。

吉田松陰の下で学んでいたころの彼は「自分は日本を生まれ変わらせるほどの偉業を成し遂げることができるだろうか」といったように、マイナスの気分に陥ることがしばしばありました。

しかし、後にイギリスに留学し、自分の目で見聞を広げると、マイナスの感情が消え、代わりに次のようなプラスの感情がこみあげてくるようになったのです。

「よし、日本をイギリスのような文明国家に絶対に生まれ変わらせてみせるぞ」

このときの伊藤博文の心は、きっと成心状態にあったのでしょう。

そして、その成心がその後の彼の原動力となったのかもしれません。

願望は「百聞は一見にしかず」。その場の雰囲気を味わえば、プラスの感情がこみあげてくるようになる。

成心になれば 幸運の女神が いいことをたくさんくれる

第2章

自分を大切にすると成心になる

自分を大切にすると、なぜ成心になるのか

心の中にプラスの感情を増やして心を成心にするための二番目のポイントは、自分という人間を大切にすることです。

これを水道管にたとえて考えてみるとわかりやすいと思います。

年度末が近づくと、あちらこちらで水道管の取り換え工事が行われるようになります。

ダムから供給された水が、途中でいくらキレイに殺菌・濾過《ろか》されたとしても、水道管の中が錆《さ》びるなどして汚れていたら、安全な水は飲めなくなります。

それを防ぐために、定期的に水道管の取り換え工事を行っているのです。

人間の心も同じです。

プラスのことを思い、プラスの感情を増やすように努めても、コンプレックス、自己嫌

悪、ダメ意識といったもので、心の中が汚れていたらどうなるでしょうか。

プラスの感情を増やすように努めても、マイナス感情が心の中を占める割合のほうが多くなります。

すると、心はなかなか成心には到達しません。

それどころか、マイナスの感情のほうが多いと、「悪いことを思えば、悪いことが起こる」という心の法則によって、マイナスの現象を引き寄せてしまう可能性もあります。

そこで、**「どうせ、私なんてダメに決まっている」「私なんか欠点だらけ……」「いいところなんか一つもない」と、常日頃思っている人は、心のクリーニングを行うことで、心の中をキレイにする**必要があります。

コンプレックス、自己嫌悪、ダメ意識といったものを払い落してしまうのです。

それが自分を大切にする生き方につながるのであって、そうすることによって、心は常にプラスの感情で満たされ成心になるのです。


心のクリーニングを行い、コンプレックス、自己嫌悪、ダメ意識といったものを払い落してしまう。

信じられない確率で生まれてきたことを自覚する

ブッダ（釈迦）の教えに「盲亀《もうき》の浮木《ふぼく》」というものがあります。

あるとき、一人の男性が「私は生きているのがほとほと嫌になりました。いっそのこと死んでしまいたい」と、ブッダにグチをこぼしたことがありました。

すると、ブッダは海のほうを指さしながら、男に次のように言いました。


あの大海には目の見えない亀がいる。

目の見えない亀は百年に一度だけ海面に顔を出す。

海面には一本の木が浮いていて、その木には一つの穴があいている。

百年に一度だけ海面に顔を出す亀が、その木を見つけ、木の穴に頭を入れる確率は奇跡に近い。

おまえが人として生まれてきた確率は、それと同じか、それ以上のもので、それだけ有り難いことなのだ。だから、自分の命、自分という人間を大切にしなければならない。


その通りと言っていいでしょう。

私たちの父母、そのまた父母（祖父母）、そのまた父母（曾祖父母）……と、先祖をたどっていけば、何千、何万、何十万という人たちがいます。

そのうちの一人でも欠けていたら、自分という人間はこの世に生を享けることはありませんでした。

そう考えると、**自分という人間はとても貴重な存在、大切な存在といえます。**

生きていることが有り難く思えてきます。

この**「有り難い」という思いが、プラスの感情を増やしてくれる**のです。


自分という人間は貴重な存在、大切な存在であることを自覚する。

「良いところピックアップ作戦」を実行に移す

東南アジアに次のような寓話があります。

あるとき、一匹の亀がカラスに向かってこう言いました。

「ボクはキミがうらやましいよ。ボクはノロマだし、キミのように空も飛べない」

すると、カラスは次のように返答しました。

「そんなことはない。キミにはボクにはない良いところがたくさんある。キミは水の中でも生活できるし、甲羅があるから、敵から身を守ることもできる。それに何よりも長寿と きている。うらやましいのは、こちらのほうだ」

私たち人間もこの亀と同じように、自分の欠点ばかりに目が行くところがあります。

そういうときは、**自分の良いところを、紙にどんどん書き出していく**といいと思います。

名づけて、「良いところピックアップ作戦」です。

「優しい性格をしている。困っている人を放っておけないところがある」

「辛抱強い。だから一度や二度の失敗ではへこたれない」

「簿記も宅建の資格も持っている。英語もしゃべれる」

「とても健康である」

そうしたら、**その紙を目につくところに貼っておき、暇を見ては眺める**ようにするのです。

そうすれば、自分の長所が自覚できるようになります。

自分という人間がまんざらでもないと思えてきます。

自分に自信が持てるようになります。

そうした**相乗効果によって、明るい気持ちになれば、心はプラスの状態**になります。

これを習慣として、一日に何回も繰り返していけば、自分でも気がつかないうちに、心は成心になっているでしょう。


自分の長所をいつも自覚すれば、気がつかないうちに成心になる。

自分の悪いところも良いところととらえる

自分の長所をいつも自覚するように心がければ、気がつかないうちに成心になります。

しかし、人間は意外と弱いところがあり、どうしても自分の短所に目が行ってしまう傾向があります。

では、短所に目が行った場合、どう対処すればいいのでしょうか。

そういうときは「自分の悪いところも良いところ」と言い聞かせるといいと思います。

たとえば、他人から「一貫性のない性格をしている」と言われたとします。

その一点だけを見つめると、悪いことのように思えますが、見方を変えると「柔軟性のある証拠」という解釈もできます。

たとえば、セールスマンです。

柔軟性のあるセールスマンは、一つの商品にこだわりません。お客様のニーズを踏まえ、時代に合った商品を売るテクニックに長けています。

経営者も同じです。

柔軟性のある経営者は、古い経営体質にとらわれません。

時代に即した経営センスを素早く身につけることで、困難を乗り越えようとします。

そこで、自分の悪いところに目が行ったら、**悪いところをどんどん紙に書き出していき、良いところに転化させ、良いところをイメージする**といいと思います。

たとえば、

「他人からケチと言われるが、それだけ経済観念が発達している証拠だ。自分が管理職になれば経費の節減ができるし、私生活ではたくさんの貯金ができる」と。

そういったことを考えれば、短所が長所のように思えてきます。

それによってマイナスの感情がプラスの感情に切り替わるようになるのです。

悪いところをどんどん紙に書き出していき、
良いところに転化させれば、マイナスの感情はプラスの感情に切り替わる。

自分をほめるクセをつける

人はほめられると嬉しい気持ちになります。

時には感動します。

心の中が喜びでいっぱいになります。

やる気・活気・元気・希望・自信といった心に欠かせない栄養素が吸収できるようになります。

ほめ言葉にはこれほどたくさんの効用があるのですが、なぜか他人をほめても、自分をほめる人はあまりいません。

そこで、自分を大切にすることで心をプラスの感情で満たし成心にするための一つの方法として、自分をほめるクセをつけるといいでしょう。

たとえば、鏡に向かって微笑みながら、自分自身に次のような言葉を投げかけるようにするのです。

「プロジェクトが順調に進んでいるのは、君がリーダーシップを発揮しているからだよ」

「あなたはとても優しくて面倒見がいいわね。寝たきりのおばあちゃんがあんなに元気になれたのも、あなたが一生懸命介護したからよ」

あるいは、電車やバスに乗っているときに、心の中で、子守唄のように同じ言葉を唱えてもいいでしょう。

こうした一連の行為を繰り返していけば、それは**自己暗示となって、自分の耳を経由して、自分の心の中に刻み込まれていきます。**

それによって、**承認の欲求が満たされ、「自分は世の中の役に立つ価値のある人間」に思えてきます。**

すると、心の中はみるみるプラスの感情でいっぱいになるでしょう。

自分に向けてのほめ言葉は、自己暗示となって、自分の心の中に刻み込まれていく。

自分に向けて、ねぎらいの言葉をかけてあげる

慰安旅行の幹事を務めた。

家族のために、たくさんの料理を作った。

にもかかわらず、誰もほめてくれない。誰からも認めてもらえない。

そんなときは、誰だって不快な気分になります。

その感情を放置していくとどうなるでしょうか。

心の中はマイナスの感情が増え始めます。

そうなると、悶々とした気分になったり、イライラするなどして、ついつい身近にいる人に当たったりするようになるでしょう。

そういうときは、鏡に映っている自分に向かって、**笑顔で優しく**こう語りかけてあげる

といいと思います。

「慰安旅行の幹事として、本当によく頑張ったね。偉いよ。心から感謝しているよ」

「今日はたくさんの料理を作ったね。お疲れ様。本当にありがとう」

そして、次のように締めくくるようにするのです。

「あなたは価値のある人間なんだよ。みんなから必要とされているよ」

要は自分に向けて、ねぎらいの言葉を口にするのです。

あるいは、文字の力は強烈で、後々まで記憶に残るため、同様の言葉を日記帳や手帳などに書き記し、かみしめるような気持ちで読み返すのもいいでしょう。

そうすれば、**他人がほめてくれなくても、認めてくれなくても、自分の行いを肯定された気持ちになり、心がスッと晴れる**ようになります。

それによって気持ちを穏やかにすることも、心の状態をプラスにするための生き方につながっていくのです。

他人がほめてくれないとき、認めてくれないときは、自分自身で自分の行いを肯定する。

その道の達人を目指す

南アジアに次のような民話があります。

ある村に、何をやってもダメな男がいました。

畑で野菜を作ろうとしても、うまく野菜が作れません。

不器用なので、家を建てることもできません。

料理を作ることもできません。

そのため、村人たちは男のことをいつもバカにしていたのですが、男は落ち込むどころか、いつも笑顔を絶やさないでいました。

そんなあるとき、村に大きなトラがエサを求めてやってきました。

村人たちがみんな逃げようとする中、その男だけは一人、槍を持ってトラに立ち向かい、見事、トラを退治することに成功しました。

実は何をやってもダメな男は、槍の達人だったのです。

人間、何か一つでも得意なものがあれば、他のことで人に劣っていても、それほどコンプレックスを抱くことはありません。

むしろ、**自分に自信が持てるようになります。**

それによって、**心はプラスの感情で満たされるようになります。**

したがって、**コンプレックスで悩んでいる人は、得意なことに磨きをかけ、その道の達人を目指す**といいと思います。

「中華料理だけは他の人よりも上手に作れる自信がある」

「速読術をマスターしているので、単行本を三〇分以内に読破できる」

こうしたものが一つでもあれば、**心をプラスにするための起爆剤になってくれる**に違いありません。

得意なことが一つでもあれば、プラスの感情を増大させるための起爆剤になってくれる。

自分を駆り立てているものをセーブする

「もっと急いで仕事をしなければならない」
「国家資格を取るためには、もっと勉強しなければならない」
「友達を家に招くからには、美味しい料理を作ってもてなさなければいけない」

このように私たちは無意識のうちに「～しなければならない」という義務感にかられがちです。

こうした義務感、すなわち自分を駆り立てようとするものを、心理療法の一つである交流分析では「ドライバー」と呼んでいます。

このドライバーが適度に働くぶんには、モチベーションや行動力のアップにつながるため好ましいのですが、過度に働くとストレスの要因となります。

そして、自分を大切にできず、心の状態をマイナスに傾けている人には、ドライバーが過度に働いているという共通点があります。

そこで、思い当たる人は、自分に次のように言い聞かせ、**「〜しなければならない」というう義務感にストップをかける**のがいいと思います。

「そんなに急がなくてもいい。マイペースで仕事をすればいい」

「あまり、リキんで勉強しなくてもいい。疲れたときは、休んでいいんだよ」

「完璧にもてなさなくてもいい。無理のない範囲で料理を作ればいい」

これらの言葉を何度も口にすると、**焦りの気持ちがだんだんと薄れ、心が楽になります。**

義務感から解放されることによって、心が癒され、ホッとするようになります。

すると、**マイナスの感情よりもプラスの感情が大幅に上回る**ようになります。

このようにして、駆り立てられる自分をセーブすることも、心をプラスにするうえで大切なことなのです。

「〜しなければならない」という義務感にストップをかける。

「過去の成功体験一覧表」を作る

自分を大切にできない人には、過去の失敗体験を思い出そうとするクセがあります。

「運動会のとき、自分が転ばなかったら、リレーで一位になれたのに……」

「あのとき、面接であんなことを口にしなければ、今頃はあの会社に入社できていたかもしれない」

「彼にあんなことを言わなければ、今頃はまだ関係がつづいていたかもしれない」

などなど。

しかし、それだと心はどんどんマイナスに傾いてしまいます。

そうならないようにするためには、**「過去の成功体験一覧表」を作って、それを眺める習慣をつける**といいでしょう。

「高校のとき、ハードル競走で一位になった」
「小学生のとき、絵で特賞を取った」
「学生時代、ピアノの発表会でパーフェクトに演奏することができ、拍手喝采を受けた」
「新入社員になったばかりのころ、レポートがよくまとまっていると上司からほめられた」

すると、**そのことを無意識に思い出す**ようになります。

一瞬ですが、**心の中でイメージングが行われる**ようになります。

その結果、**心の中にプラスの感情が増え始める**ようになるのです。

したがって、過去の失敗体験が頭をよぎったときは、すぐさま「過去の成功体験一覧表」に目をやるといいでしょう。

その瞬間、**心の中の感情はマイナスからプラスへとスイッチチェンジし、「自分だってやればできる」という自信がこみあげてきて、心はプラスになる**のです。

失敗体験は成功体験で打ち消せる。

何かをやり遂げたときは、自分にプレゼントを与える

心理学に「好意の返報性の法則」という用語があります。

たとえば、あるレストランに行ったとします。

そこで、予約をしていなかったにもかかわらず、ウエイターが夜景が一望できる席を用意してくれました。

サービスとして、デザートに特製のアイスクリームを出してくれました。

レジで会計をすませたら、一〇パーセント割引きのクーポン券までくれました。

そこまでもてなされると、嬉しさと有り難さがこみあげてきて、「次もこのお店にこよう」という気持ちになると思います。

要するに、好意の返報性の法則とは、「相手から何かされることで、自分も恩返しがし

たくなる」という人間特有の心理作用を言うのです。

そして、**自分を大切にするための一つの方法として、この好意の返報性の法則を、他人ではなく自分に向けて、意識的に活用してみる**のもいいでしょう。

たとえば、**頑張って何かをやり遂げたときに、自分に対してのご恩返しの意味で、ご褒美を与える**ようにするのです。

営業ノルマを達成したときは、大好きなお寿司を食べに行く。

国家資格の試験にパスしたときは、ハワイ旅行に行く。

ダイエットに成功したときは、お気に入りの服を買う。

このようにすれば、**達成感と喜びに包まれる**ようになります。

これからの人生の張り合いにもなります。

すると、**心はプラスの感情で満たされ、ますます達成感と喜びに包まれるラッキーな現象に遭遇しやすくなる**のです。

返報性の法則を自分に向けて活用すると、達成感と喜びに包まれるようになる。

責任のパーセンテージを減らす

自分を大切にできず、心をすぐにマイナスに傾けてしまう人は、往々にして次のように考えるところがあります。

「今回、会議で企画が通らなかったのは、私が作成した企画書の内容が漠然とし過ぎていたからだ」

「今回のプレゼンがうまくいかなかったのは、私のしゃべり方が下手だったからだ」

要するに、問題が起こるとすべて自分のせいにして、自分を責めようとするのです。

しかし、**「すべて私が悪い」「私に問題があった」と考え、自分のせいにするのは思い込みの場合もあります。**

たとえば、売れない商品です。

いくらPRしても、まったく商品が売れないと、営業マンの中には自分を責める人がいます。

でも、本当にその営業マンが悪いのでしょうか。

そんなことはけっしてありません。

商品の質、そのものに問題があった可能性もあります。

商品の質は良くても、パンフレットのコピー（宣伝文句）やデザインに問題があった可能性もあります。

あるいは、上司が打ち立てた営業戦略に問題があった可能性もあります。

したがって、**何かにトライしてうまくいかなかったときは、「すべてが自分のせいではない」と心の中で繰り返し唱え、責任のパーセンテージを減らしていく**といいと思います。

そうすれば、**他に問題点があったことに気づくかもしれないし、何よりも心の重石が取れることでマイナスの感情が激減し、プラスの感情がよみがえる**ようになるでしょう。

何かにトライしてうまくいかなかったときは、「すべてが自分のせいではない」と、自分に言い聞かせる。

自分を良くみせようと躍起にならない

日本に次のような民話があります。

ある村にやせ細った貧弱な男がいました。

男はやせていると思われたくないので、鎧《よろい》かぶとを身につけ、遠く離れた別の村に移住することにしました。

別の村に移り住めば、「強い男に思われるだろう」と考えたのです。

ところが、四六時中、重い鎧かぶとを身につけていたため、身体が窮屈《きゅうくつ》でたまりません。ろくに身動きもできません。

そんなあるとき、その村に盗賊たちがやってきました。

村人たちはその男に早速、「おまえさんは強そうだから、盗賊たちをやっつけておくれ」

と頼むことにしました。

しかし、その男は恐怖のあまり、鎧かぶとを脱ぎすて、一目散に逃げ出してしまいました。

そして、恥ずかしさのあまり、二度とその村に戻れなかったのです。

現代においても、この民話に登場する男のように、自分を良くみせようと躍起になる人が少なくありません。

そういう人は、弱みを隠して、ほころびが出ないように取り繕おうとします。

しかし、それだと神経をすり減らすばかりで、ストレスもどんどん溜まっていきます。

しかも、弱点が明るみになれば、ミジメな気持ちになります。

逆に**弱みを初めからさらけ出せば、自分を際立たせる必要もなければ、格好をつける必要もありません。**したがって、**そのぶん、心が楽になります。**

簡潔に言えば、**心をプラスにするためには、ありのままの自分で他人に接していくことが必要**なのです。


ありのままの自分で他人に接していく。

私たちはどうしても悪いところに目が行きがち
悪いところに目が行ったら紙に書いてみる
私って…
周りの目を気にしすぎる
自分だけで判断できない
ハア…
短所の方が多い気がする
えーそれって幸子の良いところでしょ？
えっ
悪いところは良いところに転化
周りの目を気にする ← 周りに気配りできる
自分だけで判断できない ← 協調性がある
私って結構がんばってるよね！うん

第3章

言葉の法則をプラスに活用すると成心になる

言葉の法則をプラスに活用すると、なぜ成心になるのか

「喜怒哀楽」という感情があります。

言うまでもないことですが、心がプラスのときは「喜」と「楽」の感情が多く占め、心がマイナスのときは「怒」と「哀」の感情が多く占めています。

この喜怒哀楽の感情は、普段、私たちが何気なく使っている言葉と密接な関係があると言ってもいいでしょう。

そのことを裏付けるかのように、アメリカの宗教家であるジャック・アディントンは次のように述べています。

「言葉は私たちの生活に大きな影響を与えている。言葉には感情が移入される。言葉と感情は強く結びついて、心や身体、ひいては言葉を使う人自身の人生全般にまで影響を及ぼ

していく」

たとえば、「疲れた」という言葉を頻繁に口にするとします。

すると、このひと言によって、次のようにイメージがどんどん悪い方向に膨らんでいってしまう可能性もあります。

「疲れたのは、上司が無理難題を押し付けてくるからだ」

「それにもかかわらず、給料が安い」

「給料が安いから、旅行にも行けない」

それによって、心は「怒」と「哀」の感情でいっぱいになってしまうのです。

しかし、「逆も真なり」で、**プラスの言葉を多く口にすれば、イメージもどんどん良い方向に膨らんでいく**ようになります。

すると、**心の中は「喜」と「楽」の感情で満たされる**ようになります。

つまり、**成心への近道は言葉の力をプラスに活用する**ことなのです。

プラスの言葉を多く口にすれば、心の中は「喜」と「楽」の感情で満たされる。

まずはマイナスの言葉を減らしていくことから始める

太っている人がやせるためにしなければならないことは何でしょうか。

まず、こまめに歩く、適度に運動するといったように、身体を頻繁《ひんぱん》に動かす習慣をつけることが大切になってきます。

しかし、それだけでは不十分です。

そうやって、二〇〇キロカロリー、三〇〇キロカロリーと消費しても、ラーメンやハンバーガーといった高カロリーのものを多く食べつづけたらどうなるでしょう。

結局はプラス・マイナス・ゼロで終わってしまいます。

いや、下手をすれば、身体を動かすことによって消費したカロリーよりも摂取カロリーのほうが上回ってしまい、ますます体重が増えてしまう可能性があります。

言葉の法則をプラスに活用するうえにおいても同じことが言えると思います。

心の中をプラスの感情で満たすためには、プラスの言葉を多く用いる習慣をつけることが大切です。

しかし、いっぽうで、プラスの言葉以上にマイナスの言葉を多く口にしていたら、結局、心の中はプラスの感情よりもマイナスの感情のほうが多く占めるようになります。

すると、良い現象よりも悪い現象が多く起きてしまいます。

そうならないようにするためには、**マイナスの言葉を意識的に口にしない**ように努める必要があります。

「どうせダメ」「困った」「毎日がつまらない」という言葉を、日頃、多く口にしているようなら、それを少なくするのです。

そうすれば、**少しずつマイナスの感情が減っていき、代わりにプラスの感情が増え始めるようになる**でしょう。

日頃、多く口にしているマイナスの言葉を禁句にしてしまう。

比較的、口にしやすい「プラスの言葉・一覧表」を作る

言葉の法則を有効活用することによって、心をプラスにするためには、まずマイナスの言葉を減らしていく必要があります。

そして、それがある程度クリアできるようになったら、今度はプラスの言葉をできるだけ多く用いることが大切になってきます。

そうは言っても、今まであまりプラスの言葉を口にしてこなかった人からすれば、ちょっと戸惑ってしまうかもしれません。

そういう人は、まず比較的口にしやすい「プラスの言葉・一覧表」を作成するといいと思います。

たとえば次のようにです。

- まだ若い。将来は希望に満ちている。
- できる（可能だ）。
- いつも元気。
- 毎日が楽しい。
- やる気に満ちている。

こうした**プラスの言葉を最低一〇個くらいピックアップし、その一覧表を自室の壁に貼っておき、暇を見ては眺める**ようにするのです。

朝、起きたときに、「今日はこの言葉を多く口にしよう」と決意するのもいいでしょう。

すると、**言葉の影響により、イメージも良い方向に膨らむようになり、考え方や行動にも変化の兆しが現れる**ようになるでしょう。

プラスの言葉をピックアップし、朝、起きたときに、「今日はこの言葉を多く口にしよう」と決意する。

一時間に一回、プラスの言葉を意識的に口にする

プラスの言葉を多く口にすれば、言葉の影響によって、イメージも良い方向に膨らむようになり、考え方や行動にも変化の兆《きざ》しが現れるようになります。

しかし、仕事に追われたり、不快な出来事に見舞われるなどして、ストレスが溜まると、プラスの言葉を口にするのを忘れてしまうことがあります。

それどころか、マイナスの言葉ばかりを口にしかねません。それを防ぐためには、**プラスの言葉を、意識的に口にするなどして、ルーティーンにしてしまう**のがいいと思います。

「朝、起きたときに一回、職場に着いたときに一回、お昼休みに一回、三時の休憩時間に一回、退社直前に一回、寝る前に一回……」といったように、あらかじめ決めておくようにするのです。

たとえば、昭和の大横綱大鵬です。

大鵬は横綱になってから、「横綱は勝って当たり前」という重圧に悩まされつづけてきました。そんな彼は毎日あることを日課にしていました。

それは一時間に一分間だけ、自分に向けて、次のような言葉を発することです。

「これだけ稽古をしたのだから、来場所も絶対に勝てる」

「今場所もきっと優勝する」

その結果、重圧にもめげず幕内優勝回数・三二回という偉業を成し遂げることができたとも言えるかもしれません。

アメリカの宗教家ジョセフ・マーフィーは**「習慣は心に大きな影響を与えます。良い習慣は、心をより良くするための栄養分になってくれます」**と述べています。

プラスの言葉も例外ではなく、それを口にすることを一つの習慣にしてしまえば、心がプラスの状態になるのは時間の問題なのです。


プラスの言葉をルーティーンにしてしまうと、良い習慣となり、良い習慣は心をより良くするための栄養分となる。

プラスの言葉を一〇回繰り返し唱える

「叶」という文字があります。

「叶」という文字は「口」と「十」で成り立っています。

つまり、願い事を十回口にすると「叶う」という理由から、この文字が生まれたとも言われています。

しかし、「叶」の効果はそれだけにとどまりません。

プラスの言葉を十回口にすると、マイナスの感情が薄れ、プラスの感情のほうが多く心を支配するようになるという利点があります。

そこで、プラスの言葉を口にするときは、一〇回、繰り返してみてはどうでしょう。

たとえば、苦手な仕事・イヤな仕事をやらなくてならないとき、「これは勉強になる。

いつか役に立つ」という言葉を一〇回立て続けに唱えるようにするのです。

すると、本当にそう思えてくるようになり、やる気のスイッチがＯＮになります。

その理由は義務感が薄れ、自分の意志が主体となるため、感情がマイナスからプラスに切り替わるためです。

疲れたときも同じです。

「今日もよく働いた。十分頑張った」という言葉を一〇回繰り返し唱えると、気分が爽快になります。

それは疲労感が薄れ、達成感がこみあげるため、感情がマイナスからプラスに切り替わるからです。


「プラスの言葉を口にすれば、気持ちが変わる」

「気持ちが変われば、感情もマイナスからプラスに切り替わる」

この〝好ましい連鎖〟を大切にするとよいでしょう。


プラスの言葉を口にすると気持ちが変わり、気持ちが変わると、感情もプラスに切り替わる。

「一日一語作戦」でプラスの言葉を口グセにしてしまう

プラスの言葉は心をプラスの状態に導いてくれます。

心がプラスになると、良いことがたくさん引き寄せられるようになります。

そのためには、「一日一語作戦」でプラスの言葉を口グセにしてしまうのもいいでしょう。

「毎日が楽しい」

「やればできる」

「未来は明るい」

こうした**プラスの言葉を、朝、起きたら、どれか一つを選んで、その言葉だけは、徹底して多く口にする**ように心がけるのです。

二〇代のある女性の話です。

彼女はある日「今日はツイてる」という言葉を「一日一語」にしました。

しかし、その日はあいにく雨で、しかも上司から銀行に行くように命じられ、「ツイてない」と思っていました。

ところが銀行の帰り道、本屋に立ち寄ったら、偶然、以前から読みたかった本を見つけることができたのです。

また、退社後、会社の付近で学生時代の同級生と四年ぶりにバッタリと再会を果たすことができ、それがきっかけで再び交流が始まるようになったのです。

このように一日一語でもいいから、プラスの言葉を口グセにするといいと思います。

そうすれば、**その言葉が暗示となって、心の奥底に浸透していく**ようになります。

すると、**心はプラスの感情で満たされるようになります。**

そして心が成心状態になれば、いいことを引き寄せる磁石が形成され、本当にいいことが引き寄せられるようになるのです。


プラスの言葉をいくつか用意し、朝、起きたら、どれか一つを選んで、その言葉だけは、徹底して多く口にする。

マイナスの言葉を口にしたら、意識的にプラスの言葉を付け加える

倒幕・明治維新に貢献した長州藩士・高杉晋作は、部下である奇兵隊の兵士たちに常々、次のように言ったといいます。

「どんなときでも、〝苦しい〟という言葉だけは、使うのをやめようではないか。もし、口にしてしまったときは〝何とかなる〟という言葉を口にしようではないか」

この影響を受けた高杉晋作の下で奇兵隊の兵士として働いていた山県有朋も、後年、明治政府の元老となり、日露戦争で苦戦を強いられたとき、政府の官僚たちに次のように言ったといいます。

「〝苦しい〟という言葉だけは、使うのをやめよう。それでも口にしたときは〝何とかなる〟という言葉を口にしよう」と。

私たちの日々の感情は喜怒哀楽に満ちています。

嬉しいときや楽しいときもあります。逆に、腹立たしいときや哀しいときもあります。

問題なのは、マイナスのときで、そういうとき、人はついつい無意識にマイナスの言葉を口にしてしまいます。もちろん一時のストレス解消としてはいいのです。

しかし、**マイナスの言葉を口走ってしまったときは、高杉晋作を見習い、そのままで終わらせることなく、プラスの言葉を意識的に付け加える**ようにするといいと思います。

「疲れた　＋　でも、それだけ頑張って仕事をした証拠だ」

「休日出勤がイヤだなあ　＋　でも、これで堂々と有給休暇がとれる」

「大雨が降っているから外出できない　＋　でも、じっくりと本が読める」

すると、プラスの言葉の余韻がマイナスの言葉の余韻を封印してくれるようになります。

さらに、**意識がプラスの言葉と同化する**ようになります。

その相乗効果によって、プラスの感情が増大するようになるのです。


プラスの言葉の余韻がマイナスの言葉の余韻を封印してくれる。

マイナスの言葉がプラスに転化することもある

マイナスの言葉はマイナスの感情を増大させます。

プラスの言葉はプラスの感情を増大させます。

ただし、中には例外もあり、**マイナスの言葉がときにはプラスに転化し、プラスの感情を誘発してくれる**ことがあります。

たとえば、「まあいいか」という言葉です。

この言葉は一見すると、いい加減のように思えます。

しかし、物事を何でも完璧にやり遂げようとすると、それがストレスとなって、心をマイナスに傾けさせてしまう要因になりかねません。

そういうとき、**「まあいいか」という言葉を用いれば、完璧にやり遂げようとする気持**

ちがセーブできるようになり、気持ちがグンと楽になります。

それによって、マイナスに傾きつつあった感情がプラスに移行するようになるのです。

「ダメならダメでいい」という言葉も同じです。

この言葉も一見すると、あきらめの意味合いを強く感じ、マイナスに思えます。

しかし、良く解釈すれば、**その言葉を口にすることによって、プレッシャーから解放されるようになります。**

その結果、受験にせよ、商談にせよ、気負うことなく、マイペースでリラックスして取り組めるようになります。

つまり、これもまた心をマイナスからプラスに誘導してくれる働きがあるのです。

したがって、**マイナスに思える言葉であっても、それを口にすることによって、心がプラスの感情にシフトすると感じたら、どんどん使ってみるといいでしょう。**

大切なのは、心をプラスにすることなのです。


マイナスに思える言葉であっても、心がプラスの感情に満たされると感じたら、どんどん使ってみる。

その日あったいいことだけを書き記す

言葉の効果とは、言葉を口に出すことだけで得られるとは限りません。

文字に著すことによっても効果が得られます。

文字は口にした言葉（音声）と違って、形となって、後々まで残ります。

その余韻も音声よりも長いものがあります。

したがって、**それを目にすれば、そのぶんプラスの感情も長くキープできる**ようになるでしょう。

そのための方法の一つとして**日記をうまく活用する**ことがあると思います。

具体的に述べると、**その日あった良いことだけを書き記す**ようにするのです。

たとえば、

「今日は、行きの通勤電車の中で運良く座ることができた」
「企画書がよくまとまっていると、上司からほめられた」
「同僚が観たかった映画のＤＶＤを貸してくれた」
「夕飯に食べたお野菜が新鮮でとても美味しかった」

などです。

こうしたことを、毎日、日記に書き記したらどうなるでしょうか。

日記はハッピーなことだらけで埋まるようになります。

そして、**それを読み返せば、「自分は本当にハッピーな人間だ」「ツイている」と思えてくる**ようになります。

すると、心はますますプラスの感情で満たされるようになります。

それは心がプラス優位、つまり成心になった証拠で、いいことをどんどん引き寄せることができるようになるのです。

活字は口にした言葉（音声）と違って、形となって、後々まで残る。

心がマイナスに傾きそうなときは、名言をどんどん書き写す

活字は口にした言葉（音声）と違って、形となって、後々まで残るため、活字を目にすれば、そのぶんプラスの感情が長くキープできるようになります。

この活字の効果を有効に活用するためには、心がマイナスに傾きそうになったとき、名言を紙にどんどん書き写すのもいいかもしれません。

アメリカで実際にあった話です。

若い起業家が夜のニューヨークの街を歩いていたら、拳銃を持った強盗たちに取り囲まれたことがありました。

彼が「お金はぜんぶ渡すから、この手帳だけは持って行かないでくれ」と言うと、強盗たちは手帳を道端に放り投げ、財布だけ盗《と》って、そのまま逃げ去って行きました。

その手帳は強盗たちにとっては盗るに値しないものでしたが、起業家にとっては財布以上に価値のあるものでした。

なぜなら、その手帳の中には数多くの偉人たちの名言が記されていたからです。

起業家は暇を見ては古今東西の偉人たちの名言を書き写していました。

それを読み返すことによって、心、ひいては魂を鼓舞させていたのです。

そして、後年、その起業家は事業で大成功をおさめるに至りました。

名言は心の栄養剤の役目を果たしてくれます。

やる気・活気・元気を与えてくれます。

そのため、**心の中のマイナスの感情が激減し、代わりにプラスの感情が増大する**ようになります。

その結果、心はプラスの状態となり、この起業家のようにマイナスの出来事に遭遇しても、その後、素晴らしいプラスの現象を呼び込むことができるようになるのです。

名言は心の栄養剤の役目を果たしてくれ、成心に導いてくれる。

プラスの言葉は効果絶大!

第4章

大変なこと、厄介なことをクリアすると成心になる

大変なこと、厄介なことをクリアすると、なぜ成心になるのか

「幽霊の正体見たり枯れ尾花」という格言があります。

枯れ尾花とはススキの穂のことで、幽霊だと思って恐れていたものが、よく見たら枯れたススキの穂だったという意味です。

要するに、この格言は「疑心暗鬼で物事を見ると、悪いほうに想像が膨らんでいき、ありもしないことを恐れるようになる」ということを説いているのです。

そして、そのいっぽうで次のようにも解釈する専門家もいます。

「大変なこと、厄介なことは、一見すると怖そうに思えるが、幽霊の正体がススキの穂と同じように、立ち向かっていけばたいしたことがないように思えてくる」

大変なこと、厄介なこと、すなわち困難に遭遇すると、多くの人は不安や心配や恐怖心

にかられ、逃げようとします。

しかし、困難というものは、逃げれば逃げるほど、その人につきまとおうとします。

どこまでも追いかけてきます。

これでは、心はいつまで経っても安息を得ることができないため、マイナスのままです。

逆に、**逃げることなく、困難に立ち向かっていけば、意外とたいしたことがなかったりします。**

すんなりと問題が解決する場合もあります。

それによって、**不安・心配・恐怖心が消え、心がマイナスに傾くことに終止符が打てます。**

さらに、**困難を克服することによって自信がつきます。**

自信がつけば、より積極的に考え、より積極的に行動できるようになります。

それは、心の中がプラスの感情で満たされた証拠なのです。


困難を克服すると自信がつき、自信が積極心を生み出してくれる。

心配事の九割は起こらない

アメリカの作家シオドア・スタージョンは次のような言葉を残しました。

「どんなことも、その九〇パーセントはカスである」

ここでいうカスとは「バカげたこと」「くだらないこと」という意味です。

要するに「私たちが不安に思っていること、心配に思っていることの大半は、バカげたこと、くだらないことで、そういったことで思いわずらうのは、取り越し苦労以外の何物でもない」と説いているのです。

たとえば、海外旅行に行く直前、次のように考え、心を悩ませる人がいます。

「飛行機が落ちたらどうしよう……」

「旅先で病気になったらどうしよう……」

「現地でテロにあったらどうしよう……」

「現地で盗難にあったらどうしよう……」

こうしたトラブル・アクシデントの確率はもちろんゼロとは言い切れません。

しかし、大半は取り越し苦労で、そうしたトラブル・アクシデントに巻き込まれる可能性は、極めて低いと言っていいでしょう。

したがって、**仕事などにおいて、大変なことや厄介なことに挑むとき、不安や心配が頭をよぎったら、「大半は取り越し苦労」と自分に言い聞かせる**といいと思います。

さらに、次の言葉を繰り返し唱えると、より効果的です。

「仮にうまくいかなかったとしても、人生に致命的な打撃をこうむるほどの被害は生じない。せいぜい、かすり傷程度である。だから、大丈夫。大丈夫」

それだけでも、マイナスの感情が減り、プラスの感情が増大するようになるでしょう。


大変なことや厄介なことに挑むとき、大半は取り越し苦労と言い聞かせる。

大変なこと、厄介なことをクリアするメリットに目を向ける

受験勉強をしていたころのことを思い出してみましょう。

「勉強する時間が苦痛だ」

「英語の成績がなかなか伸びない」

そういったことで思い悩み、自信をなくしかけたこともあると思います。

しかし、いっぽうで、第一志望の大学（高校）に入り、学生生活をエンジョイしているシーンを思い浮かべた人も少なからずいたと思います。

ゼミの仲間と放課後、喫茶店でおしゃべりをしているシーン。

軽音楽のサークルに入り、バンド仲間とロックを演奏しているシーン。

そうしたシーンをイメージすることで、受験勉強に対するモチベーションを高めていく

ことができたのではないでしょうか。

大変なことや厄介なことにチャレンジするときにも同じことが言えます。

たとえば、次のように、それをクリアしたときのメリットに目を向けるようにするのです。

■大きな商談をまとめた後のメリット
↓上司から仕事ぶりが認められる。

↓実績を作ることで、出世の糸口がつかめる。

■ダイエットに成功した後のメリット
↓スリムになることで、着られなかった服が着られるようになる。

↓異性からモテるようになる。

このように**後のメリットに意識を向ければ、大変なことに挑むのが苦ではなくなります。**
それによって、**心はプラスになるのです。**

○○した後のメリットに意識を向けると、プラスの感情が増える。

過去のマイナスのデータを消去する

サイコロを振ると、奇数が三回、四回と立てつづけに出ることがあります。

反対に、偶数が三回、四回と立てつづけに出ることがあります。

では、サイコロを何千回、何万回と振りつづけるとどうなるでしょう。

奇数と偶数の出る確率は、ほぼ同数になります。

「また、失敗するだろう」「どうせ、ダメに決まっている」と決めつけている人は、このサイコロを参考にするといいと思います。

奇数を「失敗」、偶数を「成功」という言葉に置き換えて考えた場合、失敗する確率も成功する確率もほぼ同じという解釈が成り立つからです。

つまり、**「また、失敗するだろう」と考えている人は、連続して失敗したことに目を奪**

われているだけに過ぎないのです。

過去のデータだけで、そう決めつけているのです。

人生はある意味、サイコロ・ゲームに似ています。

失敗が一～二回とつづいたからといって、次も失敗するとは限りません。次は成功する可能性もあります。

ですから、「また次もダメだろう」と決めつけないで、もう一度挑んでみてはどうでしょう。

過去の失敗というマイナスのデータを消去してしまうのです。

そうすれば、次は成功するかもしれません。

「二回目がダメでも三回目があるさ、三回目がダメでも四回目があるさ」

その姿勢も心を成心にするうえで大切なことなのです。


「二回目がダメでも三回目があるさ、三回目がダメでも四回目があるさ」と考える。

「挑戦」を「体験」という言葉に置き換える

江戸時代初期の臨済宗の僧・沢庵《たくあん》にまつわる次のようなエピソードがあります。

あるとき、沢庵に一人の武士がこんな相談を持ちかけたことがありました。

「私は元来、臆病で何かに挑戦することにいつもためらいを感じてしまうのです。どうすれば、この弱気な性格を直すことができるでしょうか」

すると、沢庵は自分の作った漬け物を食べるように、その武士に勧め、感想を聞いたところ、武士は「とても美味しいです」と答えました。

次に沢庵は中国から伝わったやり方で作った漬け物を食べるように、その武士に勧め、感想を聞いたところ、今度は「こちらは酸っぱすぎて、自分の口には合いません」と答えました。

すると、沢庵はその武士に次のように教えさとしたのです。

「それでいいのです。あなたは二種類の漬け物を、ためらうことなく口に入れ、うまい、口に合わないかの判断をした。それは体験にほかなりません」

「何かに挑戦するときは、漬け物を試食したのと同じように、とりあえず体験してみるくらいの気楽な気持ちを持つといいと思います。そうすれば、弱気の性格も直ります」

沢庵の教えは、大変なこと、厄介なことに取り組まなくてはならない現代人にも参考になると思います。

試食と同じように、「何事もとりあえず、体験してみようかな」という気軽な気持ちで行ってみればいいのです。そうすれば、気負うこともありません。不安もなくなります。

したがって、マイナスの感情も減るようになります。

むしろ、成功できれば儲けもので、それによって自信をつけることができるため、プラスの感情が増大するようになるのです。

何かに挑戦するときは、試食と同じように、気楽な気持ちを持つ。

できない理由ではなく、できる理由を考える

大変なことや厄介なことをやらされそうになると、次のような言いわけを口にする人が少なくありません。

「私には時間がないから……」

「私には学歴がないから……。資格がないから……」

要するに、やりもしないうちから、できない理由を探して逃れようとするのです。

思い当たる人は、「できない理由」ではなく「できる理由」を考えるといいと思います。

たとえば、次のような話があります。

ある中年男性が事業で失敗し、会社を倒産させてしまったことがありました。

失望と落胆の念にかられた男性は、お寺の住職に、こんなグチをこぼしました。

「私はもう再起不可能です。若くありません。お金もありません。人脈も失いました」

すると、住職は男性に次のように言いました。

「なぜ、あなたは『ない』ことばかり口にするのか。あなたは若いころ中国に留学していた。中国語がペラペラしゃべれるという特技が『ある』ではないか」

住職にこう一喝《いっかつ》された男性は、その後、中国語を生かして通訳の仕事を始めました。

そして、通訳の仕事で貯めた資金を元に、中華料理のお店を始めたところ、これが大当たりし、見事、再起を果たすことに成功するのです。

「できない理由」を探すだけでは、意識はマイナスに傾くだけで何の進展も見られません。

しかし、**「できる理由」を探せば、意識はプラスに向かい始め、それによってプラスの感情が増大**するようになります。

すると、**心はプラスとなり、大変なことや厄介なことに直面しても、それを克服するための素晴らしいアイディアや可能性が見えてくる**こともあるのです。

「できる理由」を探せば、意識はプラスに向かい始め、素晴らしいアイディアや可能性が見えてくる。

小さな成功体験を積み重ねていく

「メタボ解消のために、二〇キロ、減量しなくてはならない」

「フランスに赴任するため、フランス語をマスターしなければならなくなった」

このように、大変なこと、厄介なことを達成するためには、いくつかのハードルをクリアしなければならないこともあります。

そういうときは、**一つのハードルをクリアするたびに、「小さな成功体験」を味わい、喜びに浸る**といいと思います。

そうすれば、**達成感を味わう**ことができます。

そして**充実感がこみあげてきます**。

その後、**自信が持てる**ようになります。

心の中はプラスの感情で満たされ、いっそうモチベーションが高まります。その積み重ねによって、大変なこと、厄介なことが、それほど困難に思えなくなり、すべてのハードルがクリアできるようになるのです。

地方にある自動車教習所に、Aさんという名物教官がいます。

教習所に通う人たちの大半は、Aさんを指名するため、いつも順番待ちの状態です。

それはAさんのユニークな指導法が関係しています。

たとえば、生徒の一人が苦労の末、車庫入れができるようになると、拍手をすると同時に、生徒と二人で「バンザイ」をするというのです。

別の生徒が仮免の試験に受かったときも同じです。拍手をすると同時に、これまた生徒と二人で「バンザイ」をするといいます。

それによって、生徒たちの心をプラスの状態にさせ、次のハードルに向けてのやる気を高めていたのです。

一つのハードルをクリアしたら、喜びに浸り、達成感を味わうと、心はプラスの感情で満たされるようになる。

うまくいかなくても、何かに対して肯定的な評価を下す

ある町にAという塾とBという塾がありました。

講師のレベルは同じなのに、B塾に通う学生たちのほうが、第一志望校に合格する確率が圧倒的に高いのです。

なぜかと言うとそれは、B塾の講師たちのフォローが関係していました。

たとえば、英語の模擬試験ひとつとっても、答案を返すとき、点数が低かったとしても、一人一人に次のように声をかけるのです。

「長文の読解力が以前よりもアップしたね。よく頑張りました」

「ヒアリングが前よりも上達したね。その調子で頑張ってください」

「英作文が上手になったね。日に日に進歩しています」

するとと、学生たちは気分が良くなり、意識がプラスの方向に向かい始めます。

自信も湧いてきます。

「もっと勉強すれば、もっと良い点数が取れる」と思えてきます。

それが、「第一志望校に合格」という成果につながっていたのです。

最初はうまくいかなくても、他人から期待されたりすると、それが励みとなり、「できる」という自信がつくようになります。

モチベーションも高まっていきます。

すると、「思考は現実化する」という心の法則によって、本当に成果を出すことができるようになります。

これもまた、心をプラスの状態にするうえで大切なことなのです。

「全部ダメ」とは考えない。

「物事は順調に行かないのが当たり前」と考える

徳川家康は次のような言葉を残しました。

「人の一生は、重荷を負うて、遠き道をゆくがごとし。急ぐべからず」

この言葉は「人生は苦労しながら遠い道を歩いて行くようなものだ。あせることはない」という意味になります。別の観点から言えば、次のようにも解釈できると思います。

「人生、なかなか思い通りにはいかない。いつも平常心でゆっくり歩いて行けばいいこともある」

たとえば、アメリカの実業家ウォルト・ディズニーです。

ディズニーは当時子供だけの遊び場であった遊園地の概念をくつがえし、大人も楽しめる遊園地（ディズニーランド）を作ろうと考えました。

そこで、銀行をはじめ、資金を提供してくれそうな人のところに頼みに行ったのですが、なかなか賛同を得ることができません。

それでも、ディズニーは暗い表情ひとつ見せずにいました。

その理由を部下が尋ねると、ディズニーは次のように答えたのです。

「世の中、早々、自分の思い通りにはいかない。それに合わせてわざわざ暗い表情をしていたら、心まで暗くなってしまうからだ」

ディズニーの言う通りで、**世の中は自分の思い通りにいかないことが多々あります。そのことを当然として受け止めれば、落ち込むことはありません。失望することもありません。むしろ、平常心でいられます。**

だからこそ、**うまくいったときは、プラスの感情が何十倍・何百倍も膨らんでいく**ようになります。すると、心がプラスになり、ますますいい現象に遭遇しやすくなるのです。

「人生、なかなか思い通りにはいかない。思い通りにいけば儲けもの」くらいの気持ちでいる。

大変なこと、厄介なことは、そのままで終わらない

ブッダにまつわる話を紹介します。

あるとき、弟子の一人がブッダにこんな質問をしたことがありました。

「人生には困難がつきものです。それと格闘することにどんな意義があるのでしょうか」

すると、ブッダは次のように答えました。


荒れ果てた砂漠のような大地があるとする。

そこに草木をはやそうと、こまめに水をまきつづけたら、どうなるか。

遅かれ、早かれ、草木がはえる。

草木がはえれば、花が咲き、花の蜜を吸おうと昆虫たちがやってくる。

昆虫たちがやってくれば、小鳥がエサを求めて寄ってきて、そこは楽園となる。

要するに、砂漠のような大地に水をまきつづけるという行為は大変に見えるが、草木がはえるだけで終わることはない。

花が咲き、昆虫や小鳥がやってくるのと同じように、良い副産物が生じるようになるということを、弟子に説こうとしたのです。

したがって、**大変なことや厄介なことに挑むときは、「これをクリアすれば、これからの自分の人生にとって有益な何かを恩恵として授かることができる」と考える**ようにするといいと思います。

そうすれば、未来に希望が持てます。

明るい気持ちになれて、ワクワクしてきます。

その時点で、心の状態はプラスの感情で満ちた状態となるのです。

困難と格闘し、それをクリアすれば、良い副産物が生じるようになる。

☆できない理由ばかり考えない☆

できる理由を探せば成功に！

第5章

考え方を変えると成心になる

考え方を変えると、なぜ成心になるのか

心の中にプラスの感情を増やしていく五番目のポイントは、考え方を変えることです。

では、考え方を変えると、なぜ成心になるのでしょうか。

そのことを示す格好の事例があります。

あるところに、営業成績が最下位の保険の営業マンがいました。

将来を絶望視した彼は、あるとき、占い師に自分の将来をみてもらうことにしました。

ところが、占いでみても、彼の運勢は好転しそうにありません。

占い師は男性にそのことを正直に伝えづらかったので、「今が最悪だと思えばいい。これから運勢は良くなる」とウソのアドバイスをしました。

しかし、男性は占い師の言葉を真に受け、先の人生に希望を抱くようになりました。

そして、暇さえあれば「これから運勢が良くなる」と自分に言い聞かせ、ポジティブな気持ちで営業の仕事に取り組むようにしたのです。

すると、彼は笑みを絶やさなくなり、「この人と話していると気分がなごむ」という印象をみんなから抱かれるようになり、次第に顧客が増え始め、ついにはトップセールスマンになることができたのです。

営業成績が最下位だった男が、なぜトップセールスマンになることができたのか。

そのきっかけは、**「将来を絶望視した思考」**を、**「希望と期待に満ちた思考」に変えたこと**にありました。

そうすることで、心をプラスの感情で満たし、成心状態にしたのです。

その結果、**仕事に取り組む姿勢・態度も変わるようになり、運勢を好転させることができた**のです。

思考が変わると感情も変わる。

物事をプラスの側面からのぞいてみるクセをつける

人生にはプラスの現象とマイナスの現象の双方が常につきまとうところがあります。

「休日はハイキングに行こう」と考えていた人からすれば、晴天はプラスの現象、雨はマイナスの現象に思えるでしょう。

「休日は日帰り温泉に行こう」と思った矢先、休日出勤しなければならなくなったら、休日の過ごし方はプラスの現象ではなくマイナスの現象に思えてくるでしょう。

しかし、**マイナスの現象に思えるものは、けっしてマイナスのまま終わることはありません。**

別の側面からのぞいてみると、プラスの要素も発見できます。

雨が降っているため、休日、ハイキングに行けなくても、家の中で楽しみをたくさん見つけることができます。

DVDで映画鑑賞をすることもできます。

ゆったりと読書を楽しむこともできます。

休日出勤を余儀なくされた場合も同じです。

休日出勤すれば、代休が取れるというメリットがあります。

これに有給休暇を加えれば、二泊三日程度の温泉旅行を楽しむことができます。

つまり、**物事――身に降りかかってくる現象はすべて表裏一体で二面性がある**のです。

マイナスと思える現象であっても、考え方を変えることで、プラスの現象になりうる要素をいくつも見つけ出すことができるのです。

そのことに気づけば、マイナスの現象に見舞われても、マイナスの感情が心を占めることはありません。

むしろ、プラスの感情が心を多く占めるようになるでしょう。


マイナスと思える現象であっても、プラスの現象になりうる要素を見つけ出すことができる。

何でも「無駄に終わることはない」「勉強になる」と考える

不快なことや不本意なことをやらざるを得ないとき、多くの人は抵抗を感じると思います。

イヤでイヤでたまらないかもしれません。

その観点から言えば、心の中はマイナスの感情でいっぱいになります。

そういうときは、次のように思考のスイッチを変えるといいと思います。

「今、私がやろうとしていることは、けっして無駄にはならない」

「ここで勉強したことは、姿・形を変えて、今後の人生に必ず生きるようになる」

すると、意識が希望と期待に満ちた未来に向くため、だんだんとプラスの感情が増えるようになります。

ある女性の話です。

彼女は新社会人になったばかりのころ、母親が病気になったため、毎日、母親のために食事の支度をしなければなりませんでした。

そのため、同僚や友達とどこかに遊びに行くこともできません。

「なぜ、私だけこんなに苦労しなければならないのか」と嘆き悲しむこともしばしばありましたが、それでも彼女は「将来、このことは必ず役に立つ」と考え、母親のために料理を作りつづけました。

その後、母親は施設に入り、彼女も介護から解放されて、結婚したのですが、このときの体験はけっして無駄ではありませんでした。

なぜなら、結婚相手の男性から「君の作る料理は本当に美味しい。もう、外食なんかできない。僕は最高の女性と結婚できて、本当に幸せだ」と、料理の腕をものすごくほめられたからです。このときの彼女の心はきっと成心だったに違いありません。


どんな体験も、姿・形を変えて、今後の人生に必ず生きるようになる。

自然の摂理に基づいて物事を考える

古代中国に陰陽思想と呼ばれるものがあります。

陰陽思想というのは、宇宙のありとあらゆるものは、お互いに対極的な存在であるにもかかわらず、共存しながら成り立っているという考え方を言います。

自然の摂理と言ってもいいでしょう。

わかりやすい例を出すと、天気がそうです。

天気には、晴れの日もあれば、雨の日もあります。

温度も同じで、熱い温度もあれば、冷たい温度もあります。

数字にも奇数と偶数があります。

人生も同じで、私たちはこれまで次のような体験を幾度となく繰り返してきました。

■入学　⇕　卒業
■出会い　⇕　別れ
■勉強　⇕　遊び

こうした**対極的な体験は、どちらか片方だけが単独で存在することはありえない**ということです。

言い換えると、**いかなるものも変化するのです。**

したがって、**どちらか一方だけの状態がずっとつづくことはありえない**のです。

もし、人生が報われない陰（マイナス）の状態にあるとしたら、次のように考えるといいと思います。

「いつか必ず、人生が報われる陽（プラス）の状態に切り替わるようになる」

そう考えれば、心の中はプラスの感情が多く占めるようになり、プラスの状態が保てるようになるでしょう。

いかなるものも変化するため、人生が報われない状態がつづいても、いつか報われる状態に切り替わる。

気になることがあったら、複数の仮説を立てる

「ネッシー効果」という言葉があります。

一昔前まで、イギリス・スコットランドのネス湖でたびたび目撃されるネッシーを、恐竜の生き残りと信じる人がたくさんいました。

しかし、近年、科学の急速な進歩・発展によって、流木・ボートの航跡・魚の群れなどが仮説として打ち立てられ、それをネッシーと見間違えている可能性が高いことが明らかになりました。

この見間違えをネッシー効果と言い、要するに**「人間は、環境や状況によって、一つの事象を自分の思い込みで解釈してしまうところがある」**という意味なのです。

問題なのは、ネッシー効果は時として、マイナスに作用してしまうことです。

たとえば、恋人とデートをしたとき、いつもと違って相手が不機嫌だったとします。すると、人によっては「嫌われたのかもしれない」と考え、マイナスの感情が増大するようになります。

したがって、そういうときは、ネッシー効果がマイナスに作用していると考え、次のような仮説を立ててみるといいと思います。

「仕事で疲れているのかもしれない」

「職場の仲間とケンカをしたのかもしれない」

「体調が悪いのかもしれない」

そうすれば、**心配が薄れ、心に余裕が生じる**ようになります。

それに伴い、**マイナスの感情が薄れ、プラスの感情が増える**ようになります。

先入観・固定概念という色メガネをはずして物事を考察することも、心をプラスにするうえで大切なことなのです。

先入観・固定概念という色メガネをはずして物事を考察する。

すべては「神様の導き」と考える

神様は人間の幸せを願っています。

人々が平和で安心して暮らせることを願っています。

ある神社にAさんという人が参拝にきました。

Aさんは、本当はクリエイティブな仕事が向いているのに、事務の仕事をしていました。

「この人は、クリエイティブなセンスを生かして、デザインの仕事をしたほうが、人生が発展する」

もし、神様がそう考えたら、会社をやめさせて、デザインの仕事に軌道修正を図るように導くでしょう。

今度は、B子さんという人が恋人とのことで悩んで神社に参拝にやってきました。

B子さんには恋人がいますが、その彼は彼女の知らないところで多額の借金を抱えていました。しかも、酒グセが悪く、結婚したら暴力をふるう可能性があります。「彼女はこの男性と結婚したら不幸になる。数年後に出会う男性と結ばれたほうが、彼女は幸せになれる」

もし、神様がそう考えたら、恋人と別れる方向に軌道修正を図るでしょう。

会社をやめたり、恋人と別れたりという一見不幸と思える現象はけっして不幸のまま終わることはないのです。それは**神様の導きで軌道修正を図ってくれている証拠で、意味があるのです。**

そのように考えれば、つらいと思える出来事に遭遇しても、苦しみは薄れ、希望と期待に満ちたプラスの感情が増大するようになるでしょう。

不幸な現象には意味がある。

一つの方法にこだわらない

自宅の水道が断水していて、水が手に入らないとします。

では、水はいっさい手に入らないかというと、そんなことはありません。

お金があればコンビニでペットボトルの水が買えます。

お金がなくても公園に行けば水飲み場で、水を汲むこともできます。

最悪の場合、コップ一杯程度の水なら、隣の家の人に頼みこんでも、イヤな顔はされないでしょう。

仕事の打ち合わせで、A地点からB地点に行かなければならないときも同じです。

人身事故の影響で、ＪＲが動かなくなったとします。

では、打ち合わせの時間に大幅に遅れてしまうかというと、そんなことはありません。

都心ならば、JRが利用できなくても、地下鉄を使えば、A地点からB地点に行くことができます。バスやタクシーを利用する方法も考えられます。

そうすれば、多少遅れるだけで、事情を話せば相手も許してくれます。

何が言いたいかというと、**困った事態に遭遇したら、グローバルな視点で物事を柔軟に考える**ようにするとよい、ということです。

「自宅にある簡易コピー機が故障して使えなくなってしまったが、コンビニにもコピー機がある」

「うっかりしてお米を切らしたが、麺類やパンがあれば、夕食はまかなえる」

このように、**一つの方法がダメになっても、別の方法があると考えるようにすれば、そのことで思い悩む必要**がなくなります。

こうした発想の転換をいつも心がけるようにすれば、マイナスの感情がセーブできるため、成心でいられる確率がグンと高まるはずです。

困った事態に遭遇したら、グローバルな視点で物事を柔軟に考える。

人生にはデトックスの時期がある

「最近は恋人とケンカはするし、職場の人間関係もうまくいかない」

「財布を落としたり、自転車から転倒してケガをするなど、災難つづきだ」

このように断続的な不運に見舞われると、人の心はどうしてもマイナスに傾き、マイナスの感情が増大してしまいます。

それを防ぐためには、「人生にはデトックスの時期がある」と考えるようにするといいと思います。

実は、これは心の法則が関係しています。

人間の心には、普段、思っていること、考えていること、すなわち想念を現実化させる働きがあります。

問題なのは、心の中に一定量のマイナスの想念が蓄積されたときです。

すると、心はマイナスの感情を象徴するような不幸な現象を現実の世界に現わそうとします。

しかし、**マイナスの想念が形となって現れることは、イコール、エネルギーの消滅を意味し、心の中はクリア**になります。

自動車のガソリンがいい例です。エンジンをかけ、走行しつづければ、ガソリンはどんどん減っていき、しまいにはガス欠になります。

マイナスの想念・感情も同じで、ある意味、エネルギーのようなものなのです。

したがって、**不運に断続的に見舞われたら、心の中のマイナスのエネルギーが消滅しつつあると考え、新たにプラスのエネルギーを注入すればいい**のです。

すると、**心はプラス優位となり、今度はプラスのエネルギーを象徴するようなラッキーな現象を現実の世界に現わすことが可能になる**でしょう。

不運に断続的に見舞われたら、心の中のマイナスのエネルギーが消滅しつつあると考える。

ないものよりも、得ているものの数を数えてみる

心がマイナスに傾いている人にはいくつかの共通点があります。

その一つに、ないものを数える点を挙げることができます。

「マイホームが持てない」

「恋人がいない」

「お金がない」

思い当たる人は、ないものよりも、得ているものの数を数えてみるといいと思います。

「自分には帰れる故郷がある」

「君のためなら、一切の協力を惜しまないと言ってくれる友達がいる」

「家の近くにキレイな夜景スポットがあり、いつでも観賞できる」

江戸時代の後期に橘曙覧《たちばなのあけみ》という歌人がいました。

彼は貧乏な生活を送っていましたが、いつも明るく笑顔を絶やさないでいました。

その理由を金持ちの友人が尋ねると、次のように答えたのです。

「私は君のようにお金は持っていないが、得られるものはたくさんある」

「友達がいつでも読みたい本を貸してくれる。秋になれば裏庭の柿が食べられる。畑には大根と白菜が植えてある。川に行けば、川魚を捕ることができる」

「これだけ得られるものがあるのに、不足を口にしたらそれは贅沢というものだ」

このように、**あるもの、得られるもの、恵みに意識を向ければ、自分の置かれている境遇がまんざらでもないように思えてきます。**

有難いという気持ち、すなわち感謝の心が湧いてきます。

すると、**心は明るくなり、プラスの感情が膨らみ始めます。**

その状態がキープできるようになれば、心は完全に成心となるのです。


あるもの、得られるもの、恵みに意識を向ける。

発想の転換で成心に

しまったお弁当忘れちゃった
ガク
せっかく作ったのに…
おいしくできたのに…
ショック
取りに帰る時間もないし…
ああちゃんと確認しておけば
私っていつもこう…
そういえばあのお店おいしいって言ってたな
よし今日行ってみよう
あっ折角だから誰か誘ってみようかな
先輩ー
急に楽しくなってきたぞ

第6章

人生に「動き」をつけると成心になる

人生に「動き」をつけると、なぜ成心になるのか

心の中にプラスの感情を増やしていくことで心を成心にするための六番目のポイントは、人生に「動き」をつけることです。

では、人生に「動き」をつけると、なぜ成心になるのでしょうか。

これを池の水にたとえて考えてみるとわかりやすいと思います。

もし、池の水が循環されることなく、放置されたままの状態だとしたらどうなるでしょうか。コケがはえ、ボウフラが湧き、池の水はどんどん汚れていってしまいます。

しかし、濾過《ろか》機で池の水を絶えず循環させれば、その心配もなくなります。よどむことなく、清いままの水が保てます。

今度は部屋の空気に置き換えて考えてみます。

真夏に貸別荘に行ったとします。

しかし、部屋に入るやいなや、イヤなにおいが充満していました。

しかも、真夏であるにもかかわらず、窓は締め切られ、エアコンもありません。

そういうとき、どうするでしょうか。

迷うことなく、窓を全開し、空気の入れ替えを図ると思います。

人間の心も同じです。

いつもじっとしていると、心の中の気が汚れてしまいます。

心の中の気が汚れると、マイナスの感情が増大するようになります。

逆に、動き・流れをつければ、心の中の風通しが良くなります。

心の中の風通しが良くなれば、マイナスの感情が減り、プラスの感情が増大するようになります。**それによって心はプラスとなり、いいことをたくさん引き寄せることが可能になる**のです。


心の中の風通しを良くすれば、マイナスの感情が減り、プラスの感情が増大するようになる。

「すぐやる一覧表」を作る

人生に「動き」をつければ、心の風通しが良くなり、プラスの感情が増大するようになります。

しかし、そのことが頭ではわかっていても、なかなか動こうとしない人がいます。

そういう人には一つの共通点があります。

それは腰が重いことです。

物事を何でも先延ばしにしてしまう悪いところがあるのです。

それを改めるためには、すぐやるクセをつけるといいと思います。

ただ、そうは言っても、何から手をつけていいのかわからないこともあります。

そういう人は、「すぐやる一覧表」を作ってみるのもいいかもしれません。

たとえば、一覧表に次のようなことを書きこむようにするのです。

- 机の上が散らかっていたら、すぐに片づける
- 食事の後は、すぐに食器をキッチンに運び、キレイに洗う
- 手紙やメールをもらったら、すぐに返事をする
- 留守電が入っていたら、すぐに連絡する

これをいつも眺めるようにすれば、すぐやるクセがつくようになります。

そうすれば、**いざというとき、腰が軽くなり、すぐに動ける**ようになります。

とくに**仕事などでトラブルが発生したとき、迅速に動けば、そのぶん早期に問題が解決できる**ようになります。

問題が早期に解決できれば、そのことで頭を悩ませることもありません。

つまり、心は安泰でいられるようになるのです。

腰を軽くするクセをつければ、いざというとき、迅速に動けるようになる。

頼まれ上手になる

動きのある人間になるためには、頼まれ上手になることです。

よくよく考えてみると、私たちはさまざまな場面で他人から頼まれ事をされることがたくさんあります。

「忘年会に来てもらえませんか」

「結婚式に出席してもらえませんか」

「パーティでスピーチをしてくれませんか」

こういうときは、できるだけ応じるようにするといいと思います。

頼まれ事に応じれば、否が応でも、行動を起こさざるをえなくなり、人生に動きをつけることになります。

それにこれがもっとも大切なことですが、**頼まれ事に応じてあげれば、相手から感謝されます。感謝されると、心がプラスの感情で満たされ成心になり、運も開けるようになる**という利点があるのです。

たとえば、元首相の田中角栄氏です。

彼は応援演説を頼まれると、どんなに忙しく、どんなに疲れていたとしても、いろいろなところに応援演説に行くことで有名でした。

すると、応援演説を頼んだ側からすれば、「わざわざ足を運んでくれた」ということで、感謝するようになります。このお礼をどこかで返そうと考えるようになります。

角栄氏にしても、そうやって味方を増やしていけば、お互いの絆も深まるし、そうすることで、心をプラスの感情で満たすことができます。

角栄氏が総理大臣になれたのは、こうした〝頼まれ上手〟だったことも、少なからず関係しているといっていいのではないでしょうか。

頼まれ事に応じれば、行動力が高まると同時に、相手からも感謝されるため、心がプラスの感情で満たされるようになる。

マンネリに流されない

人は誰でも、生活パターンが定着すると、行動がマンネリ化する傾向が強くなります。

すると、飽きを感じるようになり、斬新な刺激を求めようとします。

しかし、刺激が得られないと、自分では気づかないところでストレスが溜まりはじめ、その状態をずっと放っておくと、心がだんだんと曇っていきます。

心が曇れば、プラスの感情よりもマイナスの感情が増え始めるようになります。

そこで、**日々の生活にマンネリを感じたときは、行動パターンを変えてみる**のもいいと思います。

たとえば、いつもと違ったレストランで食事をするのです。

お昼はいつも定食を食べる人は、お蕎麦《そば》を食べるのもいいかもしれません。

いつもと違った道を通り、いつもと違った電車を使って、通勤（通学）してみるのもいいでしょう。

アフター・ファイブ、いつも自宅に直帰する人は交流会や講演会などに行くのもいいかもしれません。

すると、「ここのお蕎麦はすごく美味しい。今度、友達と来よう」ということで、行きつけのお店の開拓につながる可能性もあります。

交流会や講演会に出席したおかげで、新たな人脈を築くことができるかもしれません。

そこには、**いずれも喜びがあります。**

感動があります。

期待と希望があります。

すなわち、マンネリ化によって曇っていた心がみるみる晴れ渡るようになり、心がプラスの方向に転化するようになるのです。

日常の行動パターンを変えると、喜び・感動・期待・希望に遭遇しやすくなる。

非日常的体験をする

人が感動するのはどんなときでしょうか。

大きなホールでクラシックのコンサートを鑑賞したときでしょうか。

登山をして、頂上から眼下を見下ろしたときでしょうか。

海外旅行に行き、旅先で観なれない光景を目の当たりにしたときがそうかもしれません。

こういう感動を味わったとき、たいていの人は胸を躍らせると思います。

ワクワクすると思います。

心は高揚し、ポジティブ一色になると思います。

いずれにも共通して言えるのは、心が拡大しているということです。

そこで、**日常生活にマンネリを感じたときは、心がワクワクするような体験を味わって**

みるのもいいと思います。

その場合、**一か月以内に体験できそうなもの**（短期）、**数か月以内に体験できそうなもの**（中期）、**一年以内に体験できそうなもの**（長期）**……といったように区分けした一覧表を作成する**といいでしょう。

たとえば、次のようにです。

■短期 → 今度の休日はディズニーランドに行って、パレードやアトラクションを楽しむ。

■中期 → 来月の連休は、富士山に行く。

■長期 → 今年の夏はグアムで泳ぐ。

すると、**それが励みになります。張り合いになります。**

また、何よりも、実際に体験をすれば、**新鮮な刺激を受けることで感動します。その感動がプラスの感情を誘発し、心を成心に導いてくれる**ようになるのです。

心を広くする体験による感動が、プラスの感情を誘発し、心を成心に導いてくれる。

人に会いにいく

ニューヨークのウォール街に、成功した起業家たちが集まるカフェがあります。

そこで彼らが会話していることは、ほとんどが雑談です。

「昨日、家でこういうことがあった」

「この前、レストランで食べた○○料理がとても美味しかった」

などなど、世間話がメインです。

しかし、起業家の一人に言わせると、こうしたたわいのない会話がビジネスの原動力になるそうです。

同じ志を持った仲間と雑談をすることで、コミュニケーションや気分転換が図れるため、心がプラスの状態になるというのが、その理由です。

ところが、今の日本を見渡すと、メールで会話する人が増えてきて、必要最小限のコミュニケーションが交わせればいいと考えている人が少なくありません。

そのため、悩みや困ったことがあっても、他人に相談できず、自分一人で抱え込もうとします。これでは心もマイナスに傾いてしまいます。

そうならないためには、**人と会い、会話をする時間を増やす**といいと思います。

もちろん、**雑談でも世間話でもかまいません。悩みを打ち明けるのもいい**でしょう。

そうすれば、**誰かが共感してくれる**かもしれません。**「大変なのは自分だけではない」という安心感も得られます。**

ひょっとしたら、**願ってもない情報が得られたり、新たな人脈が築ける**かもしれません。

そうすれば、**それが刺激となって、みるみるプラスの感情が心の中に充満する**ようになり、成心となるでしょう。


人と会って会話をすると、それが刺激となって、心がプラスの状態になる。

夢中になれるものに取り組む

これまでの人生を振り返ってみると、私たちは大なり小なり何かに夢中になってきたと思います。

「中学生のころは、模型作りに夢中になっていた」

「高校生のころは、フォークソングに夢中になり、自分で曲を作ったりもした」

「大学生のころは、同人誌作りに明け暮れていた」

こうしたことをヒントに夢中になれるものに取り組むのも、心をプラスにするうえで大切だと思います。

夢中になれるというのは、「好きでたまらないこと」「感激するので発奮すること」にほかならないため、それによってプラスの感情が増大するようになります。

たとえば、イギリスの元首相のウィンストン・チャーチルです。

チャーチルはレンガを積んで何かを作るのを趣味にしていました。

ところが、あるとき、レンガで首相官邸の塀《へい》を直そうとしたところ、レンガ職人からこう言われたことがありました。

「レンガ工事を施工できるのはレンガ工組合に加盟している職人だけです。あなたが首相であっても、この規則に従わなければなりません！」

すると、チャーチルは早速レンガ工組合へ加入届を出し、塀作りに夢中になったというのです。

ひょっとしたら、**チャーチルは夢中になれるものに取り組むことで、心をプラスにしていた**のかもしれません。

だからこそ、冷静な判断ができ、さまざまな政策を実施し成功することができたのでしょう。

「好きでたまらないこと」「感激するから発奮すること」に熱中すると、プラスの感情が増大する。

「これがしたい」と思ったら、欲求に従う

「英会話を習いたい」
「健康のためにヨガでも始めたい」
「中小企業診断士の資格を取りたい」

このように、「これがしたい」という欲求にかられることがあります。

そういうときは、迷うことなく欲求に従うといいかもしれません。

なぜなら、**いろいろなことに挑戦し、活動範囲を広げていけば、プラスの感情が増えると同時に、人生の新たな「生きがい」「やりがい」が見つかる可能性がある**からです。

さらに、**ラッキーな現象に遭遇しやすくなるという利点もある**のです。

ある四〇代の男性の話です。

彼はある日、テレビの料理番組でタレントがカレーライスを作るところを見ました。するど、「自分も美味しい料理が作れるようになりたい」という欲求がこみあげてきて、家の近くにある料理教室に通うようになりました。

以来、彼は完全に料理作りにはまってしまいました。

どんなに仕事で疲れて、心がマイナスに傾いても、料理を作ると爽快な気分に浸れるようになったのです。それだけではありません。彼はその後、仕事で大きな実績を上げ部長に昇進することができたのです。

これも、**料理教室に通うという動きをつけることで、心がプラスになったことが関係しているの**かもしれません。

「快活に考え行動すれば、心は躍動し、愉快になる」

これはアメリカの人間関係学の大家であるデール・カーネギーの言葉です。

いろいろなことに挑戦していけば、プラスの感情が増えると同時に、人生の新たな「生きがい」「やりがい」が見つかる可能性がある。

迷ったら動く

後悔には、動いて後悔することと動かないで後悔することの二つがあります。

どちらのほうが人生に好ましくないかというと、それは後者だと思います。

言うまでもないことですが、動かないと事態はいっこうに好転しません。

いっぽう、**動いた場合、事態が好転しない可能性もありますが、好転する可能性もある**からです。

古代ローマに次のような逸話があります。

ある男が無実の罪をきせられ、投獄されたことがありました。

その男に対して、皇帝は次のように言いました。

「おまえに二つの選択肢を与える。一つはこのまま牢獄で一生を終えること。もう一つは今すぐ闘技場に行き、二つの扉のうち、どちらかを開くこと」

「一つの扉の向こうにはライオンがいるから、開けた瞬間、おまえは食われる。もう一つの扉の向こうは外につながっているので、おまえは自由の身になれる」

男は迷わず、扉を開くほうを選択しました。そして、無事、外につながっている扉を開けることに成功し、晴れて自由の身になることができたのです。

人生には「やるか、やらないか」で迷うことがしばしばあります。

そういうときは、**思い切って行動に移したほうがいい**と思います。

しかも、現代人の場合、この逸話に登場する男性のように命まで取られるリスクはありません。

仮に**うまくいかなくても、失敗から教訓を得ることができるでしょうし、うまくいけばチャンスをつかむことができます。**

つまり、**迷ったら動いたほうが、うまくいく可能性が高くなる**のです。


思い切って行動に移したほうが、事態が好転する可能性があり、そうすることで、成心でいられるようになる。

主宰する人になる

人生に動きをつけるためには、プロデューサーや仕掛け人になるのもいいと思います。

お見合いパーティーや異業種交流会をプロデュースするのもいいでしょう。

勉強会や趣味のサークルを主宰し、世話人になるのもいいでしょう。

そういうお膳立てをすれば、集まった人たちから感謝されるようになります。

人脈も増えるようになります。

そうした相乗効果によって、心がプラスの感情で満たされ、いいことをどんどん引き寄せることができるようになります。

ある三〇代の主婦は、可愛がっていたネコが死んだせいで、軽いうつ状態にありました。

そんな彼女はケーキを作るのを趣味にしていました。

彼女の作るケーキは友人にとても好評だったので、あるとき、自宅の一室を開放して、「ケーキ作り教室」を始めることにしました。

生徒を集めるためのチラシ作り、会費の収集、食材の調達など、彼女にはやらなければならないことがたくさんありましたが、それを一つ一つていねいに行うことにしました。

すると、生徒たちがだんだんと増えていくようになり、「美味しいケーキが作れるようになりました」と、たくさんの人から感謝の言葉をもらうようになりました。

その結果、彼女の心の中はプラスの感情で満たされるようになり、いつの間にか、うつ状態も治ってしまったのです。

それればかりではありません。彼女の教室は、評判を呼んで、マスコミが取材にくるようになり、とうとう自分の名前で本を出すことにも成功したのです。

「主宰する人になると、心がプラスになり、幸運を引き寄せることが可能になる」

彼女のケースはその好例と言ってもいいのではないでしょうか。

他人のためにお膳立てをすると、多くの人から感謝され、心がプラスの感情で満たされるようになる。

一人で抱えこむと心はマイナスに

人に会って話すと共感や安心感が得られ心がプラスに！

第7章

気分を快適にすると成心になる

気分を快適にすると、なぜ成心になるのか

昔、アメリカの心理学者が興味深い実験を行ったことがありました。

被験者（実験を受ける人）を怒らせ、そのときに吐いた息から沈殿物を取り出し、それを元気だったモルモットに注射してみたのです。

すると、モルモットは一時間足らずで死んでしまいました。

こうした実験を繰り返すうちに、その心理学者は、人間が怒っているときに吐いた息にはある種の毒物が含まれていることを突き止めたのです。

実際、近年の研究においても、人は怒ったり、不安になったりするとノルアドレナリンというホルモンが、脳から分泌されることが明らかになっています。

これらは血管を収縮させ血圧を上げるほか、免疫力を低下させるなどの要因になるとい

うのです。

しかし、人間の心身はよくできていて、ノルアドレナリンとは対照的なホルモンも分泌されます。

それがベータエンドルフィンと呼ばれるものです。

このベータエンドルフィンには免疫力を高め、病気を退散させる働きがあります。

そして、**ベータエンドルフィンは何かを楽しんだり、喜んだりしたときに分泌される**と言われています。

そのためには、**気分を快適にする時間を少しでも多く作りだすように心がける**といいと思います。

言い換えると、**ベータエンドルフィンが多く分泌されればされるほど、心はプラスの感情で多く占める**ようになるのです。

それによって心は成心状態となり、良いことがたくさん引き寄せられるようになります。

ベータエンドルフィンが多く分泌される時間を多く作りだす。

朝、起きたら、気分が良くなる写真を眺めたり快い音楽を聴く

心理学に「初頭効果」という言葉があります。

友人に誘われて、初めてあるレストランに行ったとします。

すると、ボーイの接客態度にとても好感が持てました。

初めに出てきた前菜も美味しくて感激しました。

すると、気分が良くなり、その後につづく、スープやメイン料理やデザートも美味しく思えてきます。

「今度は、このお店に家族と来よう」と考えるようになります。

要するに、初頭効果とは、人は最初の印象に強い影響を受け、最初の印象が良ければ（悪ければ）、その後の印象も良く（悪く）思えてくる人間特有の心理作用を言うのです。

気分を快適にすることで、心の中にプラスの感情を増大させるためには、この初頭効果を、朝目覚めたときに意識的に活用するといいと思います。

その一環として、起きたときに気分が良くなる写真を眺めたり、快い音楽を聴くことをお勧めします。

パリに行きたい人は、パリのエッフェル塔の写真を貼っておき、起きたらすぐに、それを眺めるのもいいでしょう。

オーストリアのウィーンに行って感激した人は、起きたらすぐにウィンナー・ワルツを聴くのもいいでしょう。

すると、気分が快適になります。

気分が快適になれば、プラスの感情が膨らんでいくため、自然と心にプラスの気が充満するようになります。

朝、その状態でスタートを切れば、最良の一日が過ごせるようになるでしょう。

初頭効果を有効に活用すれば、最良の一日が過ごせるようになる。

居場所を変え、小旅行を楽しむ

日常生活ではストレスが溜まることが多いと思います。

腹が立ったり、悲しかったりすることも多々あるでしょう。

そういうマイナスの気分を一新するためには、旅行という方法があります。

旅行に行けば、新鮮な刺激と未知の感動が味わえます。

それによって、心身ともに活性化するため、プラスの感情が増大するメリットがあります。

ただ、旅行というと、「時間がないから行けない」「お金がないから行けない」と考える人が少なくありません。

しかし、それは海外旅行や長期バカンスなどをイメージして、大げさに考えるからであって、**「居場所を変えることで、心に刺激を与える」くらいの軽い気持ちでいればいい**のです。

言い換えると、**小旅行を楽しむ**ということでいいのです。

遠くに行けない人は日帰りで、由緒ある公園・庭園に足を運んでみるのもいいでしょう。

ちょっと足を延ばして、郊外にある山にハイキングに出かけてみるのもいいでしょう。

中でも、疲れた心を癒すには森林浴がいちばんです。

緑を見ていると目にもいいようですし、人間の心をリラックス状態に導いてくれる働きもあります。

いずれにしても、**小旅行を行えば、気分転換にもなるし、楽しんだり、喜んだりする時間が多くなります。**

それによって、**プラスの感情が増大するようになり、旅行から戻ってきたときには、心はかなりプラスになっている**に違いありません。


旅行に行けば、新鮮なショックと未知の感動が味わえ、プラスの感情が蘇生~増大するようになる。

「お気に入り一覧表」を作り、お気に入りにこだわる

人には誰にでもお気に入りの楽しみがあります。

お気に入りの洋服、お気に入りの食べ物、お気に入りの場所、お気に入りの遊びなどなど……。

そして、**お気に入りの洋服を着て、お気に入りの場所に行き、お気に入りのものを食べて、お気に入りの遊びに没頭すると、快適な気分になるため、心はプラスの感情で支配される**ようになります。

そこで、「お気に入り一覧表」を作ってみるのもいいと思います。

たとえば、次のようにです。

■お気に入りの洋服　→　赤のセーター、ブルーのTシャツ

- お気に入りの場所　→　健康ランド、○○にある植物園
- お気に入りの食べ物　→　クレープ、パスタ
- お気に入りの遊び　→　テニス、ピアノの演奏

これをメモ帳に記したり、壁に貼っておけば、目にする機会が多くなります。

すると、**「自分には○○に行こう。○○を食べよう」という期待も持てます。**

そのことを思えば、**快適な気分になるため、仕事が苦ではなくなります。**

家事も苦ではなくなります。

試験勉強も苦ではなくなります。

むしろ、プラスの感情が心の中を多く支配するようになり、心はプラスとなります。

すると、**良いことをますます多く引き寄せることができるようになり、それに伴って、お気に入りの事柄もますます増える**ようになるのです。

「自分にはこんなに楽しみがある」と思えば、快適な気分になり、プラスの感情が増大していく。

理念を掲げると、勉強や仕事をしているときも快適になる

プラスの感情を増やすためには、勉強や仕事をするとき、快適な目標を掲げるといいと思います。

そのことを示す好例があります。

明治維新間もないころ、二人の少年が学校で英語の勉強をしていました。

一人はイヤイヤながら勉強していましたが、もう一人は寝る間も惜しんでイキイキとした表情で勉強に取り組んでいました。学校の先生がイキイキした表情の少年にその理由を尋ねると、少年は次のように答えたのです。

「英語がしゃべれるようになれば、いつか諸外国相手に不平等条約が解消できるだけの交渉ができるようになります。だから、こうして英語の勉強にも身が入るのです」

実はこう答えた少年こそ、後に諸外国との条約改正で大きな功績をあげた政治家・小村寿太郎なのです。

人は崇高な理念・目的を持って勉強や仕事に取り組んでいると、「なすべきときになすべきことをしている」という快感がこみあげてきて、プラスの感情が増えるようになります。そのため、勉強や仕事がさほど苦ではなくなります。

そこで、勉強や仕事をするにあたって、自分なりの目標を掲げるといいと思います。

「誰もが安心して暮らせる家を作りたいので、一級建築士になるための勉強をしている」

「介護で悩む人を救うために、ケア・マネージャーの仕事をしている」

すると、**大変であっても、マイナスの感情よりもプラスの感情のほうが心の中を多く占める**ようになります。

その状態がキープできるようになれば、心は完全にプラスとなり、仕事や勉学を通して、良い副産物がたくさん生じるようになるでしょう。

「○○のために勉強する。○○のために仕事をする」という気持ちを持つ。

他人と喜びと楽しみを共有する

茨城県の水戸に偕楽園《かいらくえん》という日本庭園があります。

偕楽園は江戸時代の後期、水戸藩主だった徳川斉昭《なりあき》によって作られたもので、日本の三大名園の一つとされ、「梅まつり」が有名です。

その偕楽園の「偕」の字は、元々は「共に」という意味です。

要するに、武士だけではなく、一般庶民と共に楽しめる庭園にしたいという、徳川斉昭の願いが込められているのです。

この「共に」という姿勢は、心をプラスにするうえでも大切になってくると思います。


「共に喜びたい」

「共に楽しみたい」

そういう気持ちで、他人と喜びや楽しみを共有すると、その波動がどんどん拡大していくようになります。

それによって、**ますます快感が増し、通常のプラスの感情よりも数倍ものプラスの感情が心を占める**ようになるからです。

他人と喜びや楽しみの感情を共有する方法は、身近にたくさんあります。

美味しいクッキーが手に入ったときは、一人占めしないで、職場の仲間におすそ分けする。

大好きなアーティストが来日して公演を行う情報をキャッチしたら、そのアーティストが好きな友達にも教えてあげる。

このようにすると、**友人も快適な気分になり、喜びや楽しみの感情に包まれる**ようになります。

同時に、**友人から感謝されます。**

つまり、**一石二鳥の効果によって、いち早く心がプラスになれる**ということです。

共に喜び、共に楽しめば、その波動がどんどん拡大していく。

どんなに忙しくても、仕事から解放される時間を持つ

腰痛の中でも、いちばん性質《たち》の悪いのは、ぎっくり腰が挙げられます。

そのぎっくり腰になる理由をご存知でしょうか。

ぎっくり腰になる人の大半は、そうなる前に、腰の筋肉がガチガチに張っていたり、血行状態が悪いなど、筋肉の柔軟性がまるでありません。

ゴムにたとえて言うなら、ピーンと張って、いつ切れてもおかしくない状態です。

その限界点を超えてしまうと、ゴムがプツンと切れるように、腰に激痛が発生するのです。

人間の心にも同じことが言えると思います。

自律神経には二つあって、頭や身体を使い、何かに集中して、緊張しているときなどは、交感神経が高まった状態にあります。

交感神経が優位に働く時間が多いと、気がつかないところで、ストレスが溜まっていきます。それが頂点に達すると、何かの弾みで緊張の糸がプツンと切れ、心がマイナスに傾いてしまう可能性があります。

そうならないようにするためには、**副交感神経が優位に働く時間を多く持つ**ことが大切です。

要するに**リラックスタイムを設け、心を快適な状態にする**のです。

お気に入りのハーブティを飲む。

バスタイムを楽しむ。

コメディを観て、大笑いする。

このように、「休むときは徹底して休む。仕事のことは忘れるようにする」のです。

つまり、**自律神経のバランスをうまく調整することも、心をプラスにするうえで大切**なことなのです。

リラックスタイムを設けることで、副交感神経が優位に働く時間を持つ。

オンとオフを切り替えて、今、この瞬間を楽しむ

アメリカに次のようなジョークがあります。

ダイエットに成功した三人の男性に、ある人がその理由を尋ねると、一人は「好物のハンバーガーを食べないようにしたからです」と答え、もう一人は「毎日、ジョギングに励んだからです」と答えました。

これに対し、もう一人は次のように答えました。

「セールスの成績が悪いため、会社をクビになりそうなのです。食卓につくたびに、そのことを思い出すため、食欲がなくなってきたからかもしれません」

この三人目の男性の話は「心配事があると食欲がなくなる」ということを示唆しているわけですが、次のようにも解釈できると思います。

「三人目の男性はオン（仕事）とオフ（休み）の境目がなかった」

オンとオフの境目がないと、仕事を離れても、仕事のことで頭がいっぱいになります。仕事に問題が生じると、食事をしようとしても、意識が仕事のほうに行ってしまうため、食事が美味しく感じられなくなります。

そうならないためには、**オンとオフを切り替える**ようにすることが大切で、**オフのときは意識をできるだけ「今」に向ける**必要があります。

「今、私は世界遺産を見学するために、この観光地にいる」

「今、私はレジャーを楽しむために、ハイキングをしている」

すると、**意識が、「今」に向く**ようになります。

プライベートタイムを楽しく過ごそうという気持ちになれます。

そうした工夫をこらすことも、気分を快適にする生き方、ひいてはプラスの感情に満ちた心につながっていくのです。

「今、私は○○するために、○○にいる」と自分に言い聞かせる。

疲れたときは、身体を動かして、ちょっとだけ汗をかいてみる

古来、貴族や武士の間で流行った「タカ狩り」という遊びがあります。

このタカ狩りを、徳川家康は合戦の合間をぬっては楽しんだといいます。

あるとき合戦が終わって数日しか経っていないのに、家康はタカ狩りに行こうとしました。

これを知った重臣の一人が「殿、戦が終わったばかりですから、お身体をお休めになってください」と進言すると、家康はこう返答したというのです。

「だからこそ、タカ狩りに行くのだ」

家康のこの行動は、今でいうところの「アクティブ・レスト」が関係していると言ってもいいでしょう。

「アクティブ・レスト」とは、その名のとおり、「積極的休養」という意味で、心身が疲労状態にあるとき、あえて身体を動かす休養法のことを言います。

そうすることによって、全身の血行が良くなると同時に、ドーパミンやセロトニンといった脳に良いホルモンがたくさん分泌されるようになり、ストレスの緩和にも効果があると言われています。

そこで、**疲れが溜まり、心がマイナスの状態にあるときは、心のストレッチを兼ねて、アクティブ・レストを心がける**必要があります。

昼休みに少しだけ散歩するのもいいでしょう。

「気持ちいい」と感じる程度のジョギングを行うのもいいでしょう。

サイクリングを行うのもいいでしょう。

このように、**疲れたときに、ちょっとだけ汗をかいてみると、快適な気分になり、どんよりと曇った心に晴れマークが点灯する**はずです。

疲れたときこそ、アクティブ・レストを心がける。

大笑いタイムを作る

一八〜一九世紀にかけてのイギリスの著述家ウィリアム・ヘイズリットは次のような名言を残しました。

「人間こそ、笑い、かつ泣く、唯一の動物である」

言うまでもないことですが、人は泣いているとき、心の中はマイナスの感情に満ちています。いっぽう、笑っているとき、心の中はプラスの感情に満ちています。

この観点から言うと、**意識的に笑いを作りだしていけば、心の中はプラスの感情で占められるようになり、心がプラスになる**という解釈も成り立ちます。

しかも、ニヤニヤと笑うよりも、大笑いしたほうが、効果も倍増します。

そこで、大笑いできる機会を作りだしていくのもいいと思います。

テレビのお笑い番組を見て笑うのもいいですが、気心の知れた人と会ったとき、冗談を言い合って笑い合うと、効果は倍増します。

お互いが笑い合うと、その波動がどんどん拡大していくようになるからです。つまり、**お互いが快適な気分になるため、それによってますます快適な気分になり、通常のプラスの感情よりも数倍ものプラスの感情が増える**ようになるのです。

たとえば、本田技研工業（ホンダ）の創始者・本田宗一郎さんと、彼の片腕と言われた藤沢武夫さんです。

二人は顔を合わせるたびに、決まって、一緒に夕飯を食べに行っていました。

そして、夕飯を食べながら、ゲラゲラと笑い合ったと言います。

「笑い合えば、共に快適な気分になり、プラスの感情が倍増する」

ひょっとしたら、二人はそのことを知っていて、そのテクニックを用いたからこそ、本田技研工業を世界的な企業へと成長させることができたのかもしれません。

笑い合えば、共に快適な気分になり、プラスの感情が満たされることで成心になる。

罰あたりの日をもうける

私たちはいつも何かに追われながら生活しています。

「上司に提出する書類をまとめておかないと……」

「家族のために夕飯を作らないと……」

「背広をクリーニングに出さないと……」

などなど。

公私を問わず、こんな状態がつづけば、見えないところでストレスが溜まり、心もマイナスの状態になってしまいます。

そこで、一か月に一度だけでかまいません。

何かに追われている自分を解放してあげる必要があります。

「○○しないと……」という事柄をすべて断ち切ってしまい、自分のためだけに時間を使うようにするのです。

多少値段が高くても、自分の好きな食物を食べる。

自分の欲しいもののためだけに買い物に行く。

健康ランドや美術館など、自分の行きたい場所に行く。

このように、あえて、「自分の日」をもうけるのです。

すると、**一日が終わるころには、何かに追われているような不安、つまらないこだわりのようなものが、心の内側からスーッと溶け出していく心地よさを感じる**ようになります。

それに伴い、快適な気分になります。

快適な気分になれば、マイナスの感情がどんどん減っていき、かわりにプラスの感情が心の中を多く占めるようになります。

そういう日が一日でも多ければ、良いことも多く引き寄せられるようになるでしょう。

「○○しないと……」というものをすべて断ち切ってしまい、自分のためだけに時間を使うようにする。

人と喜びを共有すると成心になる

第8章

人間関係のストレスを解消すると成心になる

人間関係のストレスを解消すると、なぜ成心になるのか

一九〜二〇世紀にかけてのオーストリア出身の精神科医・アルフレッド・アドラーは「悩みの大半は対人関係の悩みである」という言葉を残しました。

その通りと言ってもいいでしょう。

厚生労働省が五年に一回行っている「労働者健康状況調査」によると、仕事でストレスを感じている人たちの割合は、年々、増加の傾向にあり、今や働く人の約六割はストレスを感じながら仕事をしていると言います。

ストレスの内容も、二〇一二年の調査結果によると、人間関係が全体の四割強と、もっとも多いのが実状です。

言うまでもないことですが、人間関係によるストレスは心の中のマイナスの感情を増大

させます。

それによって、集中力がなくなる、ミスが多くなるなどして、仕事にも悪影響をきたすようになります。

人間関係によるストレスがなくなれば仕事にも身が入るようになります。

それによって、**心はプラスの感情で満たされるようになります。**

プライベートも同じです。

趣味のサークルに入っても、人間関係がうまくいかないと、趣味が楽しめなくなってしまいます。

逆に、**良好な人間関係を築くことができれば、仲間と楽しみが共有できるため、趣味がいっそう楽しくなります。**それによって、**心はプラスの感情で満たされます。**

人間関係のストレスを解消することで、心をプラスにすることができます。

人間関係が良好だと、仕事にも身が入り、趣味もいっそう楽しくなるため、心はプラスの感情で満たされるようになる。

すべての人から好かれようと考えない

仏教に「群盲《ぐんもう》、象をなでる」という格言があります。

昔、三人の目の不自由な男が、生まれて初めて象をさわりました。

一人は、象の足をさわり、「まるで太い柱のようだ」という感想を述べました。

一人は、象の鼻をさわり、「まるで大蛇のようだ」という感想を述べました。

一人は、象の腹をさわり、「まるで大きなツボのようだ」という感想を述べました。

さわった部位によって、三人の感想はまったく異なったのです。

このことから、**「人それぞれ、特定の何かに対する評価は違ってくるのが当然である」**

ということを、この格言は表わしています。

自分に対する他人の評価も例外ではありません。

人によっては、頑固な人という印象を抱くかもしれません。

冷たい人、薄情な人という印象を抱くかもしれません。

プライドが高い人という印象を抱くかもしれません。

しかし、それらの言葉をうのみにし、振り回されてしまうと、「本当は違うのに……。この人はわかってくれていない……」ということで、心はマイナスに傾いてしまいます。

また、そう言ってきた相手に対して、反論を唱えるなどすると、関係がギクシャクする可能性もあります。

したがって、そういうときは「群盲、象をなでる」の言葉を思い出し、**「人によって、私の評価はさまざまだから、いちいち気にすることはない」と、自分に言い聞かせる**ようにするといいでしょう。

言い換えると、**すべての人から好かれようと考えないようにする**のです。

そうすれば、**気が楽になり、心の中はプラスの感情が増え始める**ようになります。


人によって、自分の評価はさまざまだから、いちいち気にすることはない。

適度な距離感を保つ

心理学に「ヤマアラシ・ジレンマ」という言葉があります。

あるところに、二匹のヤマアラシが暮らしていました。

季節は秋から冬へと移り変わり、とうとう雪が降ってきました。

二匹のヤマアラシは身体を寄せ合えば、暖まるのではないかと考え、体をくっつけようとしました。

ところが、お互いの体にトゲがあるため、体をくっつけようとすると、痛くてたまりません。そうかといって離れると、寒さが身に染みます。

困った二匹は、考えた末、痛い思いをしないで、暖め合える、ちょうど良い距離を発見しました。

要するに、ヤマアラシ・ジレンマとは、

「人間関係も同様で、離れすぎていてもコミュニケーションがとれない。くっつきすぎると、お互いのアラが見えてきてケンカになる。いちばん好ましいのは適度な距離感を保つことである」

ということを説いているのです。

この適度な距離感を保つためには、**必要以上に相手に干渉しない**ことが大切です。

また、自分の意にそわなくても、**相手の考え方や価値感といったものを尊重してあげる**ことも大切です。

さらに、**お互いの能力・存在感を認め合い、欠けているものを双方が補う**ようにするのです。

そうすれば、**お互い、痛い思いをしないで、暖め合える、ちょうど良い距離感が保てるようになり、双方の心の中はプラスの感情でいっぱい**になるでしょう。

ヤマアラシ・ジレンマに陥らないように、お互い、痛い思いをしないで、暖め合える距離感を築く。

人は自分の期待通りには動かないと考える

「最近、友達がメールをくれない」

「最近、恋人が電話をくれない」

こういったことは、人生につきものです。

この感情を放っておくと、ストレスが溜まっていき、「イライラする……」といったようなマイナスの感情が心を支配するようになります。

そういうときは「人は自分の期待通りには動いてくれない」と言い聞かせ、精神科医アルフレッド・アドラーが提唱する「課題の分離」を参考にするといいと思います。

課題の分離とは、わかりやすく言うと、自分がコントロールできることと相手がコントロールすることを分ける考え方のことを言います。

「最近、友達がメールをくれない」場合、これはもう完全に友達の問題です。メールをする・しないは、友達の意思にかかっていて、自分の意思ではコントロールしようがありません。

「最近、恋人が電話をくれない」ケースも同じです。電話をする・しないは、恋人の意思にかかっていて、自分の意思ではコントロールしようがありません。

結局、**他人の感情や行動は、そう易々《やすやす》とはコントロールできない**のです。**他人は自分の期待通りには動いてくれない**ものなのです。

むしろ、**期待通りに動いてくれれば、「ありがたい」と考えたほうがいい**のです。相手をコントロールできないことで悩んでもしょうがないのです。

そうすれば、イライラする頻度も減っていくでしょうし、プラスの感情が保てるようになるでしょう。

自分がコントロールできることと相手がコントロールすることを分けて考える。

やりたくないことは、無理してまでやらない

「つき合いで、お酒を飲まなくてはならない」

「つき合いで、休日、ゴルフに行かなくてはならない」

このように、人づき合いにおいて、やりたくないことにつき合わされることが、人生にはしばしばあります。

そのやりたくないことは、三つに分けられると思います。

一つはやらないと支障をきたすこと、一つはやらなくてもたいして支障をきたさないこと、一つはやらなくてもまったく支障をきたさないこと。

この三つを念頭に入れ、後者の二つに該当するものは、無理してまでやらなくてもいいと思います。

興味のないこと、気分が乗らないこと、イヤなことに、無理してつき合っても、少しも気分は良くなりません。

かえって、ストレスが溜まるいっぽうです。

そうなれば、心の中はみるみるマイナスの感情でいっぱいになります。

それだけではありません。

次第に相手のことを敬遠するようになり、人間関係にも悪影響をきたすようになります。

そこで、**やりたくないことにつき合わされそうになったら、相手を傷つけないように断る方法を考えることが**大切です。

「断らなければ、心はマイナスにどんどん傾く。しかし、断れば、やりたくないことをしないで済むぶん、心はプラスに移行する」

この観点から考えるようにすれば、心をプラスにするためには、どちらが得策であるかは容易に判断できると思います。

断らなければ、心はマイナスにどんどん傾く。しかし、断れば、やりたくないことをしないで済むぶん、心はプラスに移行する。

「NO」を口にする勇気を持つ

やりたくないことにつき合わされそうになったら、ソフトな言葉で断ってもいいのではないでしょうか。

しかし、中には次のように考える人もいるかもしれません。

「もし、断ったら、悪い印象を抱かれるのではないか」

「それが原因で嫌われるのはイヤだ」

しかし、もし、その思いを優先させ、つき合いに応じたらどうなるでしょうか。

たとえば、それが職場の仲間とのお酒の席であれば、飲みたくないお酒を飲んでもちっとも美味しくないと思います。

その挙句、仲間から仕事のグチを聞かされたのなら、うんざりしてきます。

要するに、こうした自分の本心を犠牲にしたつき合いは、自分の欲求を殺し、相手の欲求に応えることになるため、ストレスがどんどん溜まっていってしまうのです。

これでは、成心とほど遠い状態になります。

したがって、**つき合わなくてもたいして支障をきたさない場合は、言葉に工夫をこらしながら、「NO」を口にしてもいい**と思います。

それでも「NO」を口にすることに抵抗を感じる人は、二〇世紀のドイツ系ユダヤ人の精神科医フレデリック・パールズの次の言葉を唱えるようにしましょう。

「私は私のために生きる」

「私はあなたの期待に応えるために生きているのではない」

つまり、**いつもイエスマンになって、いい人を演じるよりも、ときには自分の欲求を優先させることも、心の中にプラスの感情を増大させ、心をプラスにするうえで大切**なことなのです。

「私は私のために生きる。私はあなたの期待に応えるために生きているのではない」を呪文にしてしまう。

鏡のルールを意識して、人とつき合う

イソップ物語の中に「キツネとツル」という話があります。

あるとき、キツネがツルを食事に招きました。

食卓には平たいお皿に入ったスープが出されました。

しかし、ツルの長いクチバシでは、うまくスープをすることができません。

そのため、キツネはツルのことをバカにしました。

それからしばらくして、今度はツルがキツネを食事に招きました。

しかし、食べ物は細長いツボに入っていたため、キツネはうまく食べられません。

仕方なく、前足をツボの中に入れて、食べ物を取ろうとしましたが、それでも食べ物に届きません。

そのため、ツルはキツネのことをバカにしました。

なぜ、この話をしたかというと、**「人間関係は鏡のようなものである」ということを意識して他人に接していく**必要があるからです。

私たち一人一人の心は、その深い部分で、他の人たちの心ともつながっています。

そのため、**相手に抱く感情は、良くも悪くも、ブーメランのように跳ね返ってくる**仕組みになっています。いじわるをするといじわるをされ返されてしまいます。

つまり、自分がマイナスの念を送れば、相手もマイナスの念を送り返してきますが、反対に**自分がプラスの念を送れば、相手もプラスの念を送り返してくれる**ようになっているのです。

したがって、プラスの念を送ることを肝に銘じれば、良好な人間関係が築けるため、人間関係によるストレスも激減するようになります。

そして、数多くの人たちからたくさんの恩恵を授けてもらえるようになるでしょう。

自分がプラスの念を送れば、相手もプラスの念を送り返してくれる。

相手の承認欲求を満たすと、自分の承認欲求も満たされる

人間関係から発生するストレスと言ってもさまざまあります。

その一つに、「仕事ぶりが認めてもらえない」「実績を評価してもらえない」というフラストレーションが挙げられます。

これは人間の本能的な欲求が関係しています。

人は大なり小なり「自分は重要な存在であると思われたい」「他人から能力を認めてもらいたい」「他人よりも優れていたい」「周囲の人から尊敬されたい」と願っています。

しかし、その願い、つまり承認欲求が満たされないと、フラストレーションが生じてきて、それがストレスへと転じるようになるのです。

そうならないためには、「鏡のルール」を有効に活用するのがいちばんです。

つまり、**自分の承認欲求を満たそうとするまえに、相手の承認欲求を満たしてあげる**ようにするのです。

相手を認め、評価してあげれば、相手に対して幸福感・満足感・喜びといったものを与えることになります。

すると、**与えられた相手は、与えてくれた人に対して感謝・感激する**ようになります。

その結果、**好感を抱く**ようになります。

そして、今度は**与えてくれた人の承認欲求を満たすことを考える**ようになります。

それによって、与えてくれた人の心の中もプラスの感情で満たされるようになるのです。

「人間は何かと自分のことを優秀に見せようと躍起になる性質を備えている。人から好感を持たれたければ、そのことを念頭に置いてつきあうことだ」（意訳）

これはアメリカの心理学者アブラハム・マズローの言葉ですが、この言葉を人づき合いにおける指針にしたいものです。

人間は何かと自分のことを優秀に見せようと躍起になる性質を備えている。

心からの称賛を心がける

自分の承認欲求を満たそうとするまえに、相手の承認欲求を満たしてあげるようにするための、いちばんシンプルな方法は何と言ってもほめ言葉を口にすることでしょう。

ただし、やみくもにほめればいいというものではありません。

ゴマをするようなほめ方ではなく、心からの称賛が大切です。

心からほめ讃えるというのは、ほめられたことによって、相手がその余韻にひたれるように導いていくことを言います。

たとえば、後輩が忘年会の幹事を無事に務めあげたとします。

そのとき、「段取り良くテキパキこなすね。さすがだね」というのも、一つのほめ言葉かもしれません。

しかし、それだと、そのときは嬉しく感じても、余韻にはひたれません。

では、次のようなほめ言葉はどうでしょうか。

「君が幹事をしてくれたおかげで、ものすごく助かったよ。みんなもそう言っているし、私も嬉しい。次回もよろしくね。みんなも頼りにしているよ」

すると、**「ものすごく助かった」「みんなもそう言っている」「みんなも頼りにしている」というキーワードによって、後々余韻にひたれます。**

それによって、後輩の**承認欲求はいっそう満たされ、心の中はプラスの感情でいっぱい**になります。

しかも、**鏡のルールによって、ほめてくれた人に対しても心から称賛しようと思う**ようになります。

つまり、**ほめた人も称賛されることで、承認欲求が満たされ、両方共に、心の中はプラスの感情でいっぱいになる**のです。

ほめられたことによって、相手がその余韻にひたれるように導いていけば、相手も同様のことをする。

ありがとうパワーを有効に活用する

相手の承認欲求を満たしてあげるためには、「ありがとう」という感謝の言葉を言うのがいいと思います。

そのことを示す格好の事例として中国に古くから伝わる民話を紹介しましょう。

あるところにケンカばかりしている夫婦がいました。

夫婦ゲンカにほとほと嫌気がさしたのか、夫は廟《びょう》（日本の神社のようなところ）にお参りに行き、神様に「どうしたら、夫婦が仲良く暮らせるでしょうか」と尋ねてみることにしました。すると、神様は「妻に対してありがとうという言葉を多く口にしなさい」と夫にアドバイスしました。

以来、夫は妻が食事の支度をしてくれるたびに「ありがとう」と口にしました。

洗濯物や繕《つくろ》い物をするたびに「ありがとう」と口にしました。

そんなあるとき、夫は山の中で大きなキノコを採ることに成功しました。

それを持ちかえると、今度は妻がこう言いました。

「ありがとうと言わなければならないのは、私のほうです。あなたのおかげで今夜は美味しいキノコ料理が食べられます」

ありがとうという言葉には、相手の存在価値を認める気持ちが込められています。

相手を敬い、いたわる気持ちが込められています。

ありがとうと言われると、**相手は承認欲求が満たされるため、感動する**でしょう。

感動すれば、プラスの感情が増大するため、心はプラスになります。**心がプラスになると、感動を与えてくれた相手にも感動を与えようと思う**ようになります。

つまり、「ありがとう」という言葉には、人間関係のストレスを解消してくれるだけでなく、心をプラスにしてくれるパワーもあるのです。


感謝の言葉は人を感動させ、感動を与えてくれた相手にも感動を与えようと思うようになる。

人を一面だけで判断しない

あるところに、お弁当屋を営むおばあさんがいました。

お弁当を買いに行っても、おばあさんはつっけんどんな対応しかしません。

お弁当がすごく安いというわけではありません。

それにもかかわらず、そのおばあさんは人気がありお弁当屋もそこそこ繁盛しています。

実はこれにはある理由がありました。

そのおばあさんは、毎朝、お店がある商店街周辺をみんなが寝ているうちから、掃除していたのです。

それだけではありません。近くにスーパーができても、多少高くてもその商店街のお店からいつも必要な物を買っていたのです。

つまり、誰よりも商店街のことを愛し、義理と人情に満ちあふれていたのです。

「この人は短気でせっかちだ」

「あの人は神経質だから気を使う」

このように、私たちは往々にして他人の欠点ばかりに目を向けがちです。

そういうときは、このおばあさんの話にもあるように、**人を一面だけで判断しないほうがいい**と思います。

そうすれば、**相手の良いところにも目が行く**ようになります。

相手の良いところに目が行けば、それがほめ言葉などの言動となって現れます。

すると、**鏡のルールによって、相手も同様の言葉を口にする**ようになります。

その結果、**お互いの絆は深まり、顔を合わせるたびに、お互いの心はプラスの感情でいっぱいになる**のです。


相手の良いところにも目を向ける。

☆心理学のヤマアラシ・ジレンマ☆

離れすぎていると
コミュニケーションが
とれない

くっつきすぎると
お互いのアラが見えて
ケンカに…

適度な距離で
お互いの心はプラスに

第9章

善い行いをすると成心になる

善い行いをすると、なぜ成心になるのか

Aさん、Bさん、Cさんの三人が砂漠を放浪していました。

AさんとBさんはペットボトルに入った水を持っていますが、Cさんは持っていません。

そして、ノドの渇きが頂点に達したとき、Aさんは我慢できずに、そのままペットボトルの水を一本すべて飲みほしてしまいました。BさんはCさんに半分、水をあげることにしました。

この直後、三人は無事に救助され、命拾いすることができました。

さて、このとき、心がいちばんハッピーなのは誰でしょうか。

Aさんと思う人もいるかもしれませんが、実はいちばんハッピーなのはBさんで、その次にCさんです。

Aさんは自分だけ水を飲んでしまったというバツの悪い気持ちにかられ、心はどちらかと言えばマイナスです。

Cさんは Bさんのおかげで助かったという感謝の気持ちで、どちらかと言えば心はプラスです。

いっぽうのBさんはCさんから感謝されることで、Cさんよりもさらに心がプラスになります。

そればかりではありません。「善いこと」をしたという気持ちもあるため、これもプラスの感情として加わります。

つまり、Bさんの心は強力なプラスの状態になるわけです。

善い行いをすると、「人の役に立てた」「救えた」という満足感がこみあげてきます。また他人から感謝されます。感謝されれば、当然、嬉しい気持ちになります。こうした相乗効果によって、心の中はプラスの感情が多く占めるようになります。

善い行いをすると、満足感がこみあげてくると同時に、相手からも感謝されるため、心の中はプラスの感情でいっぱいになる。

マイナスの行いを減らしていくことから始める

車を運転しようとするとき、アクセルとブレーキを両足で同時に踏んだらどうなるでしょう。

車はいつまで経っても前に進みません。

バケツの中に濁《にご》った水が入っているとします。

キレイな水を注ぎつづければ、いずれバケツの中の水はクリーンになります。

しかし、キレイな水を注ぎつづけるいっぽうで、泥水を注いだらどうなるでしょうか。

バケツの中の水は濁ったままです。

行いも同じです。

善い行いをしようと決意しても、いっぽうでマイナスの行いをしていたら、心の中はプ

ラス・マイナス・ゼロで、「善いことをした」というプラスの感情は芽生えません。

そのためには、善い行いをするにあたって、マイナスの行いをつつしむことが大切になってきます。

他人の悪口を口にする。

ゴミをポイ捨てする。

お年寄りに席に譲ろうとしない。

掃除を他人任せにする。

禁止されている場所でタバコを吸う。

こうした**マイナスの行いをなるべく減らす**ようにするのです。

そうすれば、善い行いが生きるようになります。

それによってプラスの感情もみるみる増大するようになるのです。

悪い行いを減らすことで、善い行いが生きるようになる。

目の前の善いことから始める

善い行いをして、心をプラスの感情で満たすためには、目の前の善いことから始めるといいと思います。

戦国大名の上杉謙信が長尾影虎《かげとら》と呼ばれていたころの話です。

徳積みの大切さを知っていた影虎は親しくしているお寺の住職にこんな相談を持ちかけたことがありました。

「落ちぶれた足利将軍家のために寄付をしたいのだが、たび重なる戦で、越後も財政難で寄付がままならない。徳積みができない。どうしたものか」

すると、住職は次のように助言したのです。

「あなたには将軍家に寄付する前に、身近にやらなければならない善い行いがたくさんあります」

「たび重なる合戦で疲れ切った兵士を家に帰してあげることも徳積みにつながります。ケガをした兵士に薬をあげ、養生させてあげることも徳積みにつながります。不作で苦しんでいる農民に食べ物を分け与えることも徳積みにつながります」

住職からこう言われた影虎は目からウロコが落ちる思いがしたといいます。

善い行いと言うと、「ボランティアをしなければならない。お金を寄付しなければならない」など、おおげさに考える人がいます。

しかし、**目の前の人にやるべき善い行いは身近にたくさんある**と思います。

レストランで**食事中にフリードリンクの飲料水を持ってきてあげる。**

何かを落とした人がいたら拾ってあげる。

体が弱い人に席をゆずってあげる。

こうした**目の前の善いことに目を向けることが、すべての始まり**なのです。


やるべき善い行いは身近にたくさんある。

便利屋になったつもりで、善い行いをする

便利屋という仕事があるようです。
その仕事内容は実に多岐にわたっています。
■引越しの手伝い。
■掃除・家事・料理。
■ペットの散歩。
■子守。
■子供の送り迎え。
■介護。
■相談相手。

他にもまだまだいろいろとありますが、**「善い行いがわからない」という人は、この便利屋の仕事を参考にする**といいと思います。

言い換えると、**相手の〝困ったこと〟に敏感になる**のです。

そして、**相手の立場で物事を考え、「こうしてほしいなあ」「こうしてくれると助かる」と思えることを、率先して行う**ようにするのです。

そうすれば、善い行いが無限に思い浮かぶと思います。

「友達は腕をケガして、料理が作れないみたいだから、これからカレーライスを作って届けてあげよう」

「忙しい同僚に代わって、コンサートのチケットを購入してきてあげよう」

善行をすると、**感謝されるたびに、「いいことをした」と確認できます。**

すると、**「もっと、いいことがしたい」と思えてくるようになり、気がつけば、心はプラスの状態になり、開運していく**のを実感するようになるでしょう。

相手の〝困ったこと〟に敏感になる。

自分の物差しで「善い行い」を考えない

善い行いをするうえで、注意したいことが一つあります。

それは自分の物差しで、相手にとっての「善い行い」を考えないようにすることです。

「自分が喜ぶことと、他人が喜ぶことは違う」（意訳）

これは一九世紀のアメリカの思想家ラルフ・ウォルドー・トラインの言葉ですが、自分がよかれと思って善の行いをしても、相手からすれば困惑することもあるからです。

たとえば、大量にコピーをとって大変そうにしている同僚に対して、「コピーとりを手伝ってあげよう」と考えるのは、一見すると善い行いのように思えます。

しかし、同僚が自分のペースでコピーをとることを望んでいたら、その行為はかえって迷惑になります。

「肩がこって仕方がない」という友人にマッサージをしてあげる行為も同じで、一見すると善い行いのように思えます。

しかし、マッサージをされるのが嫌いな人、他人に身体をふれられるのが嫌いな人からすれば、迷惑以外の何物でもありません。

かえって、相手に不快感を植え付けてしまうことになります。

そうした過ちを犯さないようにするためには、**「自分ならこうされると嬉しい。助かる」と考えるまえに、相手のニーズを把握する**必要があります。

「この人の場合、何をしてあげたら、喜ぶだろうか。助かるだろうか」

そういうことにアンテナを張り巡らせるようにするのです。

そうすれば、**自分の善意は相手に十分に伝わるようになり、感謝されます。**

それによって自分自身の心の中もプラスの感情が広がるようになるでしょう。


「自分ならこうされると嬉しい。助かる」と考えるまえに、相手のニーズを把握する。

隠れた善いことを行う

近江商人の教えに「陰徳善事」という言葉があります。

わかりやすく言うと、**人のためになるような善行は、他人に公言したり、見返りを期待することなく、ただただ黙って行ったほうがいい**という意味です。

この陰徳善事がなぜ大切なのでしょうか。

理由は二つあります。

一つは、それを公言すると、助けられた相手は負い目や引け目を感じる場合があるからです。

また、他人に公言すると、人によっては「あいつだけ、良い子ぶりやがって」と不快感をあらわにする人もいます。職場なら「あの人は上司からよく思われようとしているのかもしれない」とやっかむ人もいるかもしれません。

しかし、隠れたいいことならば、他人からそう思われる心配もないのです。

もう一つは、**人知れずいいことをしたという思いが強烈に心にインプットされると、それがプラスの感情となって広がっていく**ことが関係しています。

つまり、**成心状態になりやすくなる**という利点があるのです。

都内に、失恋が原因でうつ状態になった女性の教師がいました。

しかし、知人の勧めで、毎朝、生徒たちや職員が登校するまえに、人知れず学校付近にある歩道橋を掃除するように心がけました。

すると、半年後、見違えるほど明るい表情になりました。

それもそのはずで、彼女には新しく恋人ができ、めでたく結婚の運びとなったからです。

これなどは陰徳善事に徹することによって、心を成心に導き、開運した好例と言っていいのではないでしょうか。


人知れずいいことをしたという思いが強烈に心にインプットされると、成心になりやすくなる。

相手の心をマイナスからプラスに転化させてあげる

悩んでいる人がいたら、その人の心をマイナスからプラスに転化させてあげることも、善い行いにつながります。

そのための方法として、言葉の法則を活用して、プラスの気を投入してあげるのもいいと思います。

たとえば、もうすぐ、会議でプレゼンをしなければならない同僚が、うまくいくかどうかで不安がっていたとします。

そういうときは、優しい口調で次のような言葉を投げかけてあげるようにするのです。

「このプレゼンの後、食事をしようね」

すると、同僚の意識は「プレゼンがうまくいくかどうか」という不安から、「同僚と食事をする」という期待と希望に向くようになります。

それが、プラスの気を投入してあげるということなのです。

この芸当に長けていたのが、明治時代の軍人で教育者でもあった乃木希典《のぎまれすけ》です。

あるとき、彼の部下の一人が日露戦争で重傷を負ったことがありました。

軍医がサジを投げるほどの重傷です。

その部下に対して、乃木は会うたびにこんな言葉を投げかけました。

「顔色が日に日に良くなったな。今日はまたいちだんと顔色がいい。回復は近いぞ」

すると、軍医がサジを投げたにもかかわらず、本当に回復してしまったのです。

相手の心をマイナスからプラスに転化させてあげれば、相手の心はプラスになります。

自分自身もプラスの言葉を口にすることで、心がプラスになります。

すると、**プラスがプラスを呼んで、お互いを取り巻く環境までもがプラスとなり、びっくりするほどの幸運を引き寄せる**ことも夢ではなくなるのです。

悩んでいる人がいたら、言葉を用いて、プラスの気を投入してあげる。

活字の力で人に喜びを与える

善い行いの方法はさまざまですが、活字の力で他人に喜びを与えるのもいいと思います。

たとえば、豊臣秀吉です。

秀吉は人たらしの名人として知られていますが、同時にかなりの筆まめでもありました。

主君・織田信長はもちろんのこと、織田家の重臣、自分の家臣に至るまで、次のような相手の気持ちを良くする手紙を暇さえあれば書いていたといいます。

「美味しい果物が手に入りましたので、送らせていただきます。お孫さまにも果汁にして食べさせてあげたら、お孫さまもきっと喜ばれると思います」

「あなたの奥方が胸を患ったとお聞きしました。○○にある湯治場《とうじば》は、胸の病に効くといいます。近いうちに、きっと回復すると思います」

善い行いというのは、他人を助けたり尽くしたりすることだけにとどまりません。**活字を通して、勇気付けたり、精神的な支えになってあげるなどして、他人に喜びを与えることも、善い行い**につながります。

したがって、メールでもかまいません。手紙やハガキでもかまいません。**身近な人の顔を思い浮かべ、心温まるメッセージ、気分が良くなるメッセージを送ってあげる**といいかもしれません。

そうすれば、それを受け取った人は心の中がプラスの感情で満たされるようになります。

書いてくれた人に、感謝の念を投げかけてくれるようになります。

また、何よりも書いた本人の気持ちが良くなり、心の中がプラスの感情で満たされるようになります。

すると、これまた**心がプラスになり、いいことがたくさん引き寄せられる**ようになるでしょう。

身近な人に心温まるメッセージ、気分が良くなるメッセージを送ってあげると、お互いが成心になる。

「目の前の善いこと」に目を向けることが開運の始まり
カサ忘れてます－
…
ゴミ
はいお茶－
…
どうぞ

イラスト　　　森下えみこ
ブックデザイン　小口翔平＋上坊菜々子＋岩永香穂（tobufune）

思うだけ！ 開運術

2017年3月3日　初版第1刷発行

著者　　　植西 聰

発行者　　藤木健太郎
発行所　　清流出版株式会社
101-0051
東京都千代田区神田神保町 3-7-1
電話　03-3288-5405
http://www.seiryupub.co.jp/

編集担当　秋篠貴子
印刷・製本　図書印刷株式会社

乱丁・落丁本はお取替えいたします。
ISBN978-4-86029-459-5

植西 聰 うえにし・あきら

東京都出身。 著述家。
学習院大学卒業後、資生堂に勤務。
独立後、人生論の研究に従事。
独自の「成心学」理論を確立し、人々を明るく元気づける著述を開始。
95 年に「産業カウンセラー」（労働大臣認定資格）を取得。

[主な著書]
『「折れない心」をつくるたった 1 つの習慣』（青春出版社）
『平常心のコツ』（自由国民社）
『「水」のように生きる』（ダイヤモンド社）
『運と友だちになる習慣』（日本実業出版社）
『あなたはゼッタイ大丈夫―愛されネコが知っている HAPPY にゃルール』（あさ出版）
『禅トレーニングでつくるとらわれない心』（永岡書店）
『真面目がソンにならない心の習慣』（青春出版社）
『がんばらない生き方』（講談社）